**大人の書き方のルールとマナー教えます!!**

After

拝啓　鮮やかな紅葉の候となり、○○様におかれましてはますますご活躍のことと拝察いたします。
　さて、このたびは弊社の吉祥寺店開店にあたり、お心尽くしのお祝いを頂戴しましたこと、心よりお礼申し上げます。こうして無事に開店の佳き日を迎えることができましたのも、○○様をはじめ皆様方のご指導ご鞭撻の賜物であると感謝しております。
　多くのお客様に愛される店になるよう、精一杯努めてまいります。どうか今後とも温かく見守ってくださいよう、お願い申し上げます。
　略儀ながらまずは書面にてお礼申し上げます。朝夕冷えこむ折、くれぐれもご自愛ください。

敬具

十一月二十日

株式会社柑商事　吉田　裕子

○○△△様

# Introduction

## 大人の文章術とは

書き方のルールとマナーを身につける

ビジネスの基本がメールになり、フェイスブックやブログなどで発信をする人も増えました。人生をふりかえり、自分史・自叙伝を自費出版される方も多いと聞きます。今、私たちが文章を書く機会は増えているのではないでしょうか。

それにも関わらず、「自分の文章に自信がありますか?」と尋ねたら、「NO」と答える人がほとんどではないかと思います。自信がないのに、書く機会が多い。これは随分つらいこと

です。

かつて、フランスの博物学者ビュフォンは「文は人なり」といいました。「文章を見れば書き手の人となりがわかる」という意味です。この認識は今の日本でも生きているように思います。みっともない文章を書いたら恥をかく。そう思って書くことを控えたり、とてつもない時間をかけて文章を書いたりしている人が何と多いことでしょう。どちらももったいないと思うのです。文章はどうやったら上手に書けるよ

著者
**吉田裕子**

東京大学教養学部卒。現代文・古文を教える予備校講師。カルチャースクールや老人ホームなどで、大人向け古典教室も開催。著書に『正しい日本語の使い方』(小社刊)ほか

> **文章力アップのコツとは？**
>
> ◦ 書くことを恐れない
> ◦ 自分なりの型をつくる
> ◦ 書き方には順番があることを覚える
> ◦ 新たな自分の一面を発見する

うになるのでしょうか。その基本は「型」にあると思っています。どういう順番で話を進めたらいいのか。それをマスターすれば、誰でも上手に書けるようになります。文章を書けるようになると、書くのが楽しくなります。楽しくなると、どんどん書くようになります。どんどん書くと、さらに上手に書けるようになります。この好循環が起きるようになれば、皆さんはひとりでに上達することができます。その最初の一歩をこの本で踏み出してもらえたらいいな、と思っています。

書くということは、自分自身と向き合い、考えや思いを見つめ直すプロセスでもあります。書く習慣をつけることで、これまで気づいていなかった自分の一面を発見するという豊かな体験ができたなら、この上ない喜びです。

Introduction

文章力アップのコツ

# 書く順番で9割決まる!!

　書くことは、武道と通じるところがあります。武道ではまず、基本の型を徹底的に稽古して身につけますね。型を身体にたたき込んだら、実戦です。試合では、相手の特性や試合の状況に応じて、学んできた型を柔軟に組み合わせながら発揮する必要があります。このプロセスが、文章習得のプロセスとよく似ています。

　文章にも型があります。書く順番の型です。文章は書く順番で9割決まります。型に当てはめて書くと、誰でも説得力のある文章を書くことができるようになっています。

　この本では3パターンの型を紹介しました。3ステップ、4ステップ、起承転結です。はじめの2つは実用向け、あとの1つは小説やエッセイ用です。型を学んだら、しっかり練習してみてください。実際に文章を書かなくても、口頭で基本構成をつくってみるだけで勉強になります。身体にたたき込んだら、日常で実践してください。きっとメールやブログが見違えてきます。

✕

### 文章の下手な人

- 書くことが苦手と思い込んでいる
- 名文に触れる機会が少ない
- 書く順番を理解していない
- 話し言葉を多用している

### 文章の巧い人

- 文章の型が身についている
- 多くの本に触れている
- 好きな作家がいる
- いろんなものを観察している

Introduction

デキると思わせる
## 品格ある文章とは？

品格ある文章は信用につながります。

ただし、それは高尚な単語を散りばめた文章ではありませんし、古風な文章を指しているものでもありません。品格ある文章とは、次の2点がきちんと踏まえられた文章です。

① 自分の年齢や立場・役割
② 文章のTPO（時間、場所、状況）

また、大前提として、日本語を正しく使いこなしていることが必要です。

手書きが減った分、書き間違いは見かけなくなりましたが、変換ミスでみっともない状況におちいっている例を多々見かけます。ことわざ・慣用句の中には、正解する人より、間違った意味で認識している人の方が多いものでありました。あなたも基礎の日本語力に問題がないかどうか、チェックテストで確認してみてください。

品格ある文章は、裏返すと「バカっぽく見えない文章」のことです。バカっぽく見えてしまったら、第1章で身につけた文章の型も台無しです。コツコツ基礎力をつけていきましょう。

✗

### 品格のない文章

- 漢字の変換ミスが多い
- 敬語をきちんと使えていない
- 話し言葉を多く使っている文章
- 文章のTPOが踏まえられていない

### 品格のある文章

- 自分の年齢や立場にふさわしい文章
- 正しい日本語を使いこなしている
- 相手に伝わることを重視している
- 文章のTPOを踏まえている

Introduction

ビジネスパーソンには必携です

# 相手の心を動かす

私たちが手間ひまをかけて文章を書くのは、たいてい「だれかに何かをしてもらう」ためです。

広告コピーはお客さんに商品を買ってもらうこと、謝罪文は怒らせた相手に許してもらうことを目的として書かれています。

この目的が達成されないのであれば、文章を書いた甲斐がありません。私たちはそれぞれの目的に応じた効果的な文章の書き方を選ぶ必要があります。

文章というのは論理に訴えかける部分と、感情に訴えかける部分からなっています。論理の部分は第1章の基本的な型を身につけることで解決することができます。しかし、相手も人間です。論理的に説得されて頭では納得したとしても、心が動かされなかったら、実際の行動には移してくれないことがあります。それでは書いた意味がありません。

いったい感情に訴えかける文章とはどういうものなのでしょうか。それを第3章で考えていきます。

✕

**心に響かない文章**

- ひとりよがりの文章になっている
- 目的が明確ではない文章
- だらだらとした長い文章
- 当たり障りのない内容になっている

**心に響く文章**

- 論理と感情に訴えかける内容である
- 目的が明確にある文章
- 内容が簡潔でリズミカルな文章である
- 導入から惹きこまれる

068 コラム03 国語辞典との付き合い方で文章力は確実に伸びる

## 第2部 実践編
### 1章：ビジネス文章術

- 070 好感度アップのメール術
- 074 デキる人の企画書の法則
- 076 プレゼン資料
- 078 自己PR文
- 080 謝罪文の種類
- 081 お詫び状
- 082 経緯報告書
- 083 顛末書
- 084 始末書
- 085 進退伺い
- 086 大人の手紙の書き方
- 088 間違えやすい敬語クイズ

092 コラム04 コピーライターから学ぶ文章術

### 2章：短文上達法

- 094 目を留まらせるブログ、フェイスブックの書き方
- 096 やってはいけないツイッターの法則
- 098 短文で最大限の効果を発揮する方法
- 102 ときめきのプロフィー文

### 3章：実際に書いてみよう

- 104 書く前に何が必要か考える
- 106 推敲のチェックポイント
- 108 メールの上手な書き方
- 110 面接官の心に残る文章術
- 112 上手なエッセイの書き方

114 コラム05 あの宇多田ヒカルも影響を受けた『文章読本』とはなにか

## 第3部 応用編
### 名文に学ぼう

- 116 名文の近道は名文に触れること
- 118 枕草子はエッセイの基本です
- 120 夏目漱石のツカミを学ぼう
- 122 川端康成の比喩表現を手に入れる
- 124 芥川龍之介の構成術
- 126 村上春樹にリズムを学ぶ

# Contents

002 イントロダクション

人を動かす言葉の力は書く順番で9割決まる!!

012 **大人の文章術**

### 第1部　基本編
#### 1章:人を動かす言葉の力は書く順番で9割決まる!!

- 014 3ステップで説得力のある文章が書ける
- 016 反論を封じ込める4ステップの法則
- 018 ドラマチックに伝える起承転結法
- 020 導入で惹き付けるテクニック
- 022 新聞に学ぶ明快な文章術
- 024 接続語を使いこなそう
- 026 しかしを多用しないでスッキリ文に
- 028 ちょうどよい文章量にする方法

030 コラム01　文科庁の調査からわかるいま大切な文章術の心得

#### 2章:品格ある文章術

- 032 身分相応の文章の使い方
- 034 話し言葉は使わないが原則
- 036 漢字を使いすぎない
- 038 正しい敬語の使い方
- 040 「てにをは」をマスターしよう
- 042 文章が生き返る　句読点や記号使い
- 044 間違いやすい漢字クイズ
- 048 間違いやすい慣用句クイズ

052 コラム02　語感を鍛えれば文章力はさらにUP!!

#### 3章:相手の心を揺さぶる文章力

- 054 本当に伝えたいことを伝える法則
- 056 何を伝えたいか入念な準備が必要
- 058 名作コピーに学ぶ言葉の伝えかた
- 060 心をつかむ広告の作り方
- 062 シズル感を使いこなそう
- 064 説得力は数字を活用する
- 066 俳句・短歌で鍛えてみよう

順番で9割決まる!!
# 文章術

### 第1部 基本編
1章: **書く順番で9割決まる**
2章: **品格ある文章術**
3章: **相手の心を揺さぶる文章力**

### 第2部 実践編
1章: **ビジネス文章術**
2章: **短文上達法**
3章: **実際に書いてみよう**

### 第3部 応用編
**名文に学ぼう**

東大
現役合格
首席卒業生が
教える

# 人を動かす言葉の力は書く大人の

営業やプレゼンといったビジネスシーン、ツイッターやブログといったプライベートなど、さまざまな場面で重要な役割を担っているのが文章力です。デキる人ほど、文章術で交渉やプレゼンを勝ち取り成功を掴んでいるといえるでしょう。ここでは大人に必要な文章術を紹介していきます。基本編から実践編、それに応用編まで多角的に紹介していく中で、正しい文章力が身につくだけではなく、美しい言葉や品格をも培うことができます。この本を読んで、文章を書く楽しさを味わってください。

大人の文章術 / 第1部 基本編・書く順番で9割決まる

## Q 文章に説得力がありません
## A 3ステップの基本をマスターしましょう

文章を書いてもなぜか間が伸びてしまって説得力のある形にならないときありませんか。そうしたときこそ、すばやく使えるのが3ステップの法則なのです。

**Before**

最近、アルバイトの接客に苦情がたくさんきています。「言葉使いがなっていない」とか「店員のくせに何も知らない」などとお怒りのお客様も多く、もっと研修が要るのではないかと思っています。リピート率も昨年より2割下がってしまいました。これは大きな問題です。実際、小社の場合、アルバイトが接客サービスの中心を担っているので、何とかしなくてはいけないと思います。研修を増やすのはどうでしょうか。

**ヒント**

思いついた順に書いたであろう文章で、ダラダラした印象です。書く順序を入れかえるなど、情報を整理すれば、説得力を増すことができます。「これは大きな問題です」、「何とかしなくてはいけない」などと、感情的にあおるような表現も目につくので、客観的な書き方に直したいところです。

**説**得力のある文章を書くコツは、書く順番を工夫すること。まずは基本の3ステップをマスターしましょう。

① **序論**（話題提示・主張）
② **本論**（主張の理由・根拠）
③ **結論**（まとめ・再主張）

この型を実践すると、
① 明日の会議は延期した方がよいと思います
② なぜなら、台風上陸が予想されるからです。会議には社外の方も参加されます
③ 早く延期を決定し、本日夕方までに参加者に連絡する必

014

**After**

　アルバイト向けの研修を増やす必要があるのではないでしょうか。

　小社では、お客様に直接かかわるのはアルバイトです。彼らの接客が店全体の印象を決めてしまいます。実際ここ数ヶ月間、店員の応対についての苦情が増えており、お客様のリピート率も昨年から2割下がっています。

　定期的に研修を実施し、接客マナーや商品知識を確実に身につけさせるべきだと思います。

---

**解説**

主張を述べてから、根拠、まとめへ進む**序論・本論・結論**のスタイルに書き直しました。最初に主張をはっきりと伝えることで、相手の頭には「研修を増やす？　どうして？」と疑問が浮かぶことでしょう。そこに理由の説明をすることで、相手はスムーズに情報を受けとることができ、納得にいたるのです。納得したところに結論で畳みかけましょう。
さらに詳しく述べたい場合は、お客様の苦情内容などの**具体例を盛りこむ**ことも考えられます。

---

要があります。

　はじめに「今から何を述べるのか」を明確に示せば、**相手が心の準備をすることができます**。関連情報を思い浮かべ、あなたの意見を受けとめやすい状態を整えることができるのです。その後に本論を展開することで、あなたの主張の根拠は、相手の頭にスムーズに染みこんでいくでしょう。根拠は論理的に積み上げることを意識し、具体例をあげることも効果的です。

　相手の納得を引き出せたかなと思えたところで、結論に移ります。**序論でも主張を述べている場合、結論ではより具体化するなど、書き方を変えるとスマートに見えます**。

　序論、本論、結論の3ステップ、練習してみてくださいね。

## Q 文章にツッコまれると反論ができません
## A 反論を封じ込める4ステップの法則

会議やプレゼンの資料を頑張って用意しても、いつも反論されて、太刀打ちできない。そんな悩みのある文章は4ステップの法則を覚えて書いてみましょう。

### Before

社員旅行の移動手段候補には、電車とバスとがあります。

今回の社員旅行は「社員の一体感を高める」というのが目的です。その点から考えると、バスの方が適しているのではないでしょうか？

バスなら、心おきなく会話を楽しむことができます。普段話す機会の少ない社員同士もコミュニケーションをとれることでしょう。

だから、バスの方がよいと思います。

**ヒント**

「いやいや、電車でも会話はできるよ」とつっこまれる図が目に浮かびます。一方的に主張しているだけに、かえって反論の余地を与えてしまい、「渋滞のあるバスより、時間の読める電車の方が確実です」などといわれかねません。相手の反論を想定して、議論の中に盛りこみましょう。

「押」してダメなら引いてみろ」という言葉があります。2つ目の型「4ステップ」にはそれに近い考え方です。

① 意見
② 理由（なぜなら〜）
③ 相手の反論予想（確かに〜）
④ 反論（しかし〜）

ポイントは③。自説を一方的に主張するのではなく、相手の言い分を受けとめます。相手が熱くなって自説をくり返すときほど、こちらは、認めるべき点は認めるという冷静な態度で臨んでください。

**After**

社員旅行の移動は、バスがよいと思います。
なぜなら、バス移動の方が社員間のコミュニケーションが促進されると思うからです。
確かに、電車移動でも会話はできます。
しかし、話す相手が近くの席に限定されてしまいます。ゲームをしたり騒いだりすることもできません。今回の社員旅行の目的「社員の一体感を高める」を叶えるには、バス移動でレクリエーションを実施するのが1番だと思います。

**解説**

「電車でも会話はできるよ！」というツッコミを想定し、それに反論しながら、「バスならでは」の魅力を改めて主張する形をとっています。
**①意見**　　　　　　　　**②理由**（なぜなら〜）
**③相手の反論予想**（確かに〜）　**④反論**（しかし〜）
一方的に自説を主張するより、**相手の言い分を受けとめる余裕**をみせる方がスマートです。認めた上で相手を上回るのが目標です。この型に慣れるまでは、接続語を目印にして練習するのがおすすめです。

それでこそ④が活きます。練習法としてオススメなのは、賛否両論のあるテーマについて、両方の立場から主張してみることです。自分自身の意見とは異なる側も練習したほうが、論理的に主張をするということの訓練になります。テーマは簡単なものでOK。
①電話よりメールの方がよい
②なぜなら、メールは文字で記録が残るからだ
③確かに、電話の場合、声のトーンなどで感情が伝わる
④しかし、ビジネスで大切なのは感情豊かに伝えることより正確に伝えることだ

わざわざ文章の形に仕上げなくても、口頭で構成をつくってみるだけで訓練になります。たくさん数をこなし、どのようなテーマでもすぐに組み立てられる段階を目指して。

大人の文章術 / 第1部 基本編・書く順番で9割決まる

**Q** 文章がいつも単調になってしまいます

**A** ドラマチックに伝える起承転結法

## Before

この化粧水、最初に使ったときは「とろっとして塗り心地がいいなぁ」というくらいだったんですが、しばらく使っていると、効果を感じられるようになりました。私の場合、3ヶ月くらいで効果が出てきました。

30歳前後ってちょうどハリが失われてきて、小じわとかたるみとか気になりますよね？ それを解決してくれるのがこの化粧水なんです。今は押し返すようなハリも出てきています。

---

**ヒント**

商品紹介で重要なのは、リアリティとドラマ。使用した人ならではの具体的な実感をもっと打ち出すとともに、心揺さぶるようなストーリーに仕上げたいところです。現状、1段落でも2段落でも似たような話をくり返していますが、起承転結の構成に作りかえてみましょう。

---

自分なりにいつもとは違ったように文章を書いてみようと思っても、いつものフォーマットに落ち着いてしまう。そんなときに使えるのが起承転結法です。

**3**つ目の型は、起承転結の4段階です。短編小説やエッセイなどで、特に効果を発揮する書き方です。

**起** 導入。状況設定を説明

**承** 起に続いて物語が進む

**転** ヤマ。事態が急展開

**結** オチ。後日談やまとめ

最大のポイントは、転を盛り上げることです。たとえば、

**起** 主人公は先輩が好き

**承** 先輩と仲良くなる。「付き合えるのでは」と期待

**転** 先輩が他の女子Aと下校。主人公は絶望する

**結** 先輩はAに、主人公と

018

**After**

その化粧水を使い始めたのは、30歳目前のころ。小じわやたるみが気になり始めた時期でした。

最初は「とろっとして塗り心地がいいなぁ」と思ったくらいです。1本使い切ったら、また別のを試してみようかなぁとも考えていました。

しかし、使い始めて3ヶ月経ったころ、私の肌に変化が訪れました。ほおにふれると、グッと押し返すようなハリが生まれていたのです。

この化粧水、もう手放せません。

---

**解説**

**起承転結の構成**にすることで、化粧水の効果を印象付けています。
- 起　化粧水を30歳目前で使い始めた
- 承　最初はあまり効果を感じていなかった
- 転　3ヶ月後に突然、肌の様子が変わった
- 結　この化粧水を手放せなくなった

転をどれだけドラマチックにできるかがポイントです。大切なのは、**承と転の落差**。今回もあえて承でネガティブな感想を入れています。

---

の恋の相談をしていただけという話なら、承ではこのまま2人が付き合いそうだと読者が確信するくらいに2人を接近させておいた方がよいですし、転で出てくるAは主人公より美人にした方がいいでしょうね。そうやって、**承と転の落差を強調することで、読者の心を揺さぶるので**す。動揺が大きいほど、結で一件落着したときのカタルシスが大きくなります。

起承転結は3ステップ・4ステップの型と違って、最後まで読まないと結論がみえません。ビジネス文書には向きませんが、感性に訴えかける構成なので、広告やブログ記事などで、感情面に訴えたいときには効果絶大です。

# Q 書き出しで悩んでしまいます

# A 導入で惹きつけるテクニック

文章で大事なのはツカミです。導入で惹きつけることは、その後の流れを大きく左右するといっていいでしょう。そのためのテクニックをここで解説します。

## Before

**冒頭の文を考えて、カッコ内に入れなさい。**

（　　　　　　　　　　　　　　　）

地球の平均気温は、2100年までに約5度上がるとみられています。その主な原因は、二酸化炭素やメタンなどの温室効果ガスです。

産業革命以降、石炭や石油などの化石燃料が大量に使われるようになりました。温室効果ガスの排出量も増え、地球温暖化が加速しました。南極の氷がとけ、海水面の上昇も生じています。

### ヒント

ここでは、読者の興味を惹きつける冒頭文について考えてみましょう。一文で読者をひきこむパワーは、エッセイやコラムには不可欠です。ポイントは、その先を読みたくなるような仕掛けをほどこすこと。好奇心を刺激したり、共感を生み出したりするような冒頭文を意識しましょう。

最初の3行を読んで退屈だと思えば、読者は本を棚に戻してしまうものです。コラムやブログなど、娯楽の観点から読まれる文章は、**導入部が命**です。ここでひきつけておかないと、読者は逃げていってしまうのです。

読者を文章に引きこむには、次のようなテクニックが有効です。

・**読者に問いかけ、考えさせる**（年の離れた人とのコミュニケーションに悩んだ経験はないだろうか）

・**意外な事実を知らせる**（最

### After

・皆さん、100年後の地球では何が起きていると思いますか？
・地球の平均気温は1900〜2000年までの100年間で、0.5度しか上がっていないのだそうです。
・「私の島は、私が大人になるまでになくなってしまうかもしれません」と、ツバルに暮らす少女は涙ながらに語ります。
・あなたはただ生きているだけで、地球温暖化の原因です。

**解説**

導入部で読者をひきつけるには、次のようなテクニックがあります。
・読者に問いかけ、考えさせる
・意外な事実を知らせる
・セリフや情景描写からはじめる
・挑発的な言葉をつきつける

読者に何かしらの刺激を与え、その先を集中して読んでもらうことを狙いとしています。読者の頭にあるスイッチを入れるつもりで書きます。

・**セリフや情景描写からはじめる**（「裕ちゃん、元気にゃってる?」町を歩いていれば必ず誰かが声をかけてくる。私の地元は町全体が家族のような地域だった／も離婚率が高いのは、沖縄県だという）

・**挑発的な言葉をつきつける**（ラーメンはとんこつに限る。それ以外は認めない）

少し大きな声を出して、読者を振り向かせるようなイメージで書き始めましょう。

ビジネスの文章の場合、最初に書くのは結論であり、特にひねる必要はありません。しかし、プレゼンテーションの場面では、聞き手の集中力を高めるためにも、こうした観点の導入トークを入れた方がよいでしょう。

## Q 文章をすっきりとした印象にしたい
## A 新聞に学ぶ明快な文章術

**Before**

小社とは以前から付き合いのあるA社と、A社から独立したB氏が立ち上げたC社の2社により、新しい給与管理システム（現在はA社のものを採用）のコンペが昨日おこなわれた。A社のシステムは、現行システムをベースとして構築するため、移行時の負担が少ない点で魅力的であった。一方、C社のシステムは根本的な変更となり、初期投資は大きいが、圧倒的にランニングコストが安いため、長期的な観点からC社への移行が決定された。

> **ヒント**
>
> 一読して意味を理解できた人は少なかったのでは？　補足説明が長々とついているために、肝心の結論が埋もれてしまっています。重要事項が先にくるよう、入れかえたいものです。核心が見えにくい一因には、不採用のA社のメリットが長々述べられていることもあります。

新聞に目を通すと、そこに書かれている文章はとても単純明快。事実を淡々と述べています。それこそが、明快な文章術。大事な部分は前半にと覚えましょう。

**実**用の文章では、最初に重要情報をもってくるようにしましょう。そのお手本は新聞記事です。

悲しいことですが、読み手は書き手と同じ情熱をもって文章に向き合ってくれるわけではありません。インターネットで情報を探しているときのことを思い出してみると、おわかりだと思います。ちらっと見て役に立ちそうでなければ、別のページに移ってしまうものです。後半にすばらしい内容があったとしても、それは読まれることなく終わ

**After**

昨日、新しい給与管理システムのコンペが行われ、C社のシステムが採用されることが決まった。C社採用の決め手はランニングコストの圧倒的な安さである。根本的なシステム変更となるので、初期投資は大きくなることが予想される。敗れたA社は、小社と付き合いが長く、現行システムもA社のものであった。余談ながら、C社を立ち上げたB氏はA社の出身である。

**解説**

**読む相手が知りたがっている情報から書く**ようにします。この報告を受ける人が1番知りたいのは、コンペの結果でしょう。まずコンペの概要を記し、段落をかえて補足説明をする構成に改めました。第2段落でも、
①決定理由　②C社採用で今後予想される事態
③敗れたA社の情報　④C社の予備情報
というように、重要度の高い情報から記しています。**自分の興味関心や時系列にとらわれず**、相手のニーズに応える文章を目指しましょう。

ってしまいます。

あなたの文章が一所懸命書いた文章も、他人からしたら、そういう存在です。興味をもってもらうためには、**前半に大事な部分をもってくる必要**があります。

そうした構成を学ぶのにちょうどよいのが新聞記事です。最初に5W1Hにあたる情報で、記事の概要を示し、後から後から付け加える形で詳細を説明していきます。

人は忙しいものです。あなたの文章を読むということは、その中でわざわざ時間を割くということ。文章は読ませるものではなく、**読んでもらうもの**。こう肝に銘じ、新聞記事に学びましょう。

**Q** ダラダラとした文章になってしまいます

**A** 接続語を巧く使いこなそう

### Before

読書で何よりも重要なのは、本をどう選ぶかであって、それで読書の質の8割は決まっているといってしまってもよいように思うけれど、なぜか、世間の人の多くはその点を軽んじていて、そのくせに読書は楽しくないだの何だの言うのだから、まったく無責任な話だと思わざるを得ない。

---

**ヒント**

一文が長く、実に130文字もあります。何度か「。」をつけた方が読みやすいでしょう。
「いってしまってもよい」、「思わざるを得ない」などの表現もやや大げさ。すっきりさせましょう。

---

一文がとても長くなってしまうと、読み手にとってはとても分かりづらくなってしまうもの。文章は短いほうがベターです。上手に接続語を使いましょう。

一文が長すぎる文章は、読者を迷子にしてしまいます。書き手には話の全体像がみえています。しかし、読み手は白紙の状態からスタートし、どこに向かうのかゴールがみえていません。一文が長いと、一文を解読するのに苦労しているうちに、文章全体の筋を見失ってしまいます。

つい文が長くなってしまう人は、書き上げた文章を**音読する習慣**をつけたいものです。自分でスムーズに音読できない部分は、他人にとっては意

**After**

　読書で重要なのは、本をどう選ぶかであろう。「読書の質の8割は、本の選び方で決まる」といえるのではないだろうか。
　しかし、世間の人の多くは、本選びを軽んじている。それなのに、「読書は楽しくない」などというのは無責任な話だと思う。

> **解説**
> 一文だったものを四文に区切りました。特に「読書は本選びで決まる」というメッセージが際立つよう、主張の直後で「。」を入れるようにしました。続いてもう1度同じことをくり返す部分は「　」をつけ、格言のような重みをもたせています。
> 今回、第三文で段落をかえました。「しかし」などの逆接「ところで」、「さて」などの話題転換があるときは、段落をかえた方が読みやすいでしょう。日常用の文章では、**1段落の目安は100〜250字程度**です。

味のとりにくい箇所です。次の3点も、発見したら修正しましょう。

①**接続助詞の「が」が1文に2個以上入っていないか**（私の叔父は京都出身だが、中学にあがる段階で東京に出てなまりは抜けているのだが、しぐさのちょっとしたところに京都らしさが出ている）

②**長すぎる連体修飾語はないか**（書店の入り口すぐの目立つところに平積みで置いてある、そのときそのときのランキング上位の本を買う）

③**文末などに遠回しな表現は含まれていないか**（「といっても過言ではない」、「を認めざるを得ない」など）

　長文癖が抜けるまでは、**一文の上限を60字に設定し**、それを超えたら途中で切るようにするのもオススメです。

# Q. 言いたいことが伝わらない
# A. しかしを多用せずスッキリ文に

## Before

　私は、子どもが生まれても仕事を辞めたくありません。**しかし**実際はどうなるでしょう。ホテルの仕事は早朝や深夜の勤務もあるので、子どもを育てながら働くのはとても難しいのです。**だけど**、仕事に楽しさを感じているので、辞めるのはつらいのです。何ものにも替え難い仕事だと思います**が**、子どもが生まれたら、子どものそばにいて成長を見守りたいのです。

---

**ヒント**

難しい問題ですから気持ちが揺れるのも無理はありません。しかし、「辞める」という話と「辞めない」という話が交互に繰り返されると。読み手は右往左往しなければなりません。「辞めない」という話を全部まとめて書いた後、「しかし」を一度だけ使って、「辞める」という話を書いてください。

---

「しかし」は逆接の接続語。前の文脈から予想されることとは反対のことを書くという合図です。他にも、「でも」、「だが」、「それにも関わらず」などが逆接を表します。読み手はこの先の展開を予想しながら読み進めていくのです。逆接が続く場合、読み手は自分の予想を裏切られ続けることになります。AからB、BからAへと揺さぶられていると、何が何だかわからなくなります。**結局なにがいいたかったのか、理解できずに終わってしまう**ということ

---

しかしを多用すると言いたいことが伝わらない文章になりがちです。そんなときにはスッキリとさせるために**接続語をなるべく多用しないこと**がポイントです。

**After**

　私は、子どもが生まれても仕事を辞めたくありません。仕事に楽しさを感じているので、辞めるのはつらいのです。今の仕事は何ものにも替え難いと思っています。

　**しかし**、ホテルの仕事は早朝や深夜の勤務もあるので、子どもを育てながら働くのはとても難しいのです。

　やはり、子どもが生まれたら、子どものそばにいて成長を見守りたいのです。

---

**解説**

「**同じ話をまとめて書く**」ことを意識し、道筋を明快にしましょう。
「Aです。**しかし**Bです。**でも**Cということもあります。**しかし**Dです」
とならないように、
「AでありCでもあります。**しかし**、Bであり、Dです」
とします。そうすれば、「しかし」は一つになります。
どうしても結論が出せなければ、最後に「私はまだどちらとも決めかねています」と答えをあいまいにしてもかまいません。

---

も珍しくありません。小説で、登場人物の葛藤を表現しようとするケースでは、わざと逆接の連続をとりいれることもあります。ただ、考えを伝えることを目的とした文章では避けたいところです。

逆接の多用を避けるために、**同じ方向性の内容はまとめて書く**ことを意識しましょう。A・Bそれぞれの立場を行ったり来たりしながら進むのではなく、まずAについてまとめて述べ、次にBに移るよう、情報を整理するのです。

逆接を多用する人の中には、**単なるつなぎとして「が」をはさむ人もいます**。これは「明日は会議ですが、資料の印刷はどうしましょう」と、「明日は会議です。資料の印刷はどうしましょう」で十分です。

## Q: 中途半端な文字数になってしまいます
## A: ちょうどよい文章量にする方法

文章量がいつも中途半端に終わってしまうときはどうすればいいでしょう。実は自在に文章量を調整できる技があるのです。

### Before

**①80字以上に伸ばしてください**
映画は映画館で見たいと思います。

**②40字以内にまとめてください**
3歳から12歳までを海外（アメリカ、カリフォルニア州）で過ごしたため、私にとっては、よほどのことがない限り本音を口にしなかったり、「能ある鷹は爪を隠す」といって実力を隠したりする日本人の性質は、頭では分からなくはないものの、感覚的にはどうもピンとこないのである。

**ヒント**
①映画館で観る以外にはどんな見方がありますか？ それと比べ映画館で見ることにはどんなメリットがあるでしょう？
②短くする場合、特にいいたいことは何かを見きわめ、なくても通じるであろう箇所を削ります。メインテーマを補強しない具体例や説明は省略します。

文章の長さは、次の3点を足したり削ったりすることで、自在に調節できます。

① 例
② 理由
③ 対比

具体的に見てみましょう。
「スポーツをするのが好きです」。この一言も、先ほどの3点を盛りこむと、「スポーツは観戦するよりも、実際にプレイする方が好きです。仲間と汗を流すのは気持ちがいいからです。最近はフットサルや駅伝を楽しんでいます」と長くすることができます。

**After**

①映画を見るなら、家でDVDを見るのではなくて、映画館で見たいと思います。映像や音響の迫力が楽しめる上に、たくさんの人々と喜怒哀楽を共有することもでき、深い感動が胸に刻まれるからです。(91字)

②長く海外で暮らしていた私は、日本人のはっきり物をいわない性質がピンとこない。(38字)

**解説**

①家でDVDを見るという**対比**を入れ、映画館で見ることを際立たせました。さらに、**理由を具体的に挙げて**字数を達成しています。もっと書くなら、映画館だからこそ楽しめた作品の思い出を記すのもよいですね。

②「日本人の性質にピンとこない」という結論には、「長い海外経験がある」ことをいえば十分。年数・場所はあまり影響しないので、潔く削りました。日本人の性質についても、長々と書かれた説明を一言にまとめています。**具体例を抽象的に要約する**のは磨きたいチカラです。

逆に長くなってしまいがちな人は、この3点から削るようにし、核心のメッセージをきわだたせましょう。長々と前置きや言い訳を書いていないか、具体例やたとえ話がしつこくなっていないかどうかも確認します。

また、同じことを何度も書いてしまうという人は、結論部ばかりを引きのばそうとしている可能性が高いです。結論は1つなので、どうしても同じことをくり返ししいうことになってしまいますね。文章を長くしたい場合は、序論・本論・結論(→14〜15ページ)でいうところの本論の部分に厚みをもたせるようにします。

つまり、結論を支える理由・具体例の記述を充実させるのです。

## Column 01
### 日本語の乱れた時代とどう向き合う
## 文科庁の調査からわかる いま大切な文章術の心得

「日本語の乱れ」が批判されていますが、実は、「日本語の乱れ」は存在しないという人もいます。「コミュニケーションが成立していれば問題はない。実際に通用する日本語は全て正しい」という立場です。「乱れ」の筆頭に挙げられる「ら抜き言葉」も、日本語の「変化」として肯定的にとらえる人もいます。（食べられる）は可能を表すように細分化したという説）があります。

実際、私たちが正しい日本語として使用している言葉の中にも、もともと「乱れ」だったと思われるものがあります。たとえば、「負けず嫌い」。文字通りには「負けないことが嫌い」＝「勝つのが嫌い」という意味になってしまうので、誤用が市民権を得た例であることが考えられます。

こうした観点から興味深いのが、文化庁が毎年おこなっている「国語に関する世論調査」です。最新の調査結果に、手紙についての興味深いデータがあります。

・手紙は伝統的な書式にこだわらなくてもよい 34％

8年前と比べ、守るべきだと考えている人が約10パーセント増えたそうです。書き言葉に関しては、正しい日本語を守ろうとする保守的な志向があることがわかります。

さて、この次のページでは文化庁の調査において、本来の意味より間違った意味を選んだ人が多かった言葉をクイズにしてみました。こうして意味が変わりつつある言葉について、あなたはどのように考えるでしょうか。

・手紙の伝統的な書式を今後も守っていくべき 48％

## 実際に語感を鍛えてみよう

① うがった見方をする
A・物事の本質を捉えた見方をする
B・疑って掛かるような見方をする

【A】
「うがつ」は「人情の機微に巧みに触れる。的確にいい表す」という意味。「穴をあける。貫き通す」という意味もあります。（→点滴石をうがつ）

② 流れに棹（さお）さす
A・傾向に逆らって、ある事柄の勢いを失わせるような行為をする
B・傾向に乗って、ある事柄の勢いを増すような行為をする

【B】
船頭が流れに棹をさして水の勢いに乗るように、勢いに乗って物事が思いどおりに進行することをさします。正しい意味を選んだ人はたった18パーセントでした。

③ 噴飯もの
A・腹立たしくて仕方ないこと
B・おかしくてたまらないこと

【B】
あまりのおかしさに、食べかけの飯をこらえきれずに噴き出して笑ってしまうこと。Aと答える人が多いのは、「憤怒（ふんぬ）」などと混同されている可能性があります。

④ 御の字
A・一応、納得できる
B・大いに有り難い

【B】
わざわざ「御」の字を付けて呼ぶほどの結構なこと。「七十点取れれば御の字だ」といった場合、七十点をとれて大いに喜んでいるのです。

⑤ 破天荒
A・だれも成し得なかったことをすること
B・豪快で大胆な様子

【A】
もとは中国の故事で、それまで官吏登用試験の合格者が0だった「天荒」という地域から、史上初の合格が出たときのことを称えた言葉。

**Q** 上司から表現方法でよく注意されます

**A** 身分相応の文章の使い方

### Before

昨日は、寛子さんがお食事に連れていってくれました！　会社の隣のお店で、もうすっごく美味しかったです！　こんなの食べたの初めて！　寛子さんてば、超ステキなお店を私に教えてくれただけじゃなく、おごってくれたんです！　すごく優しい！　もう寛子さんにはどれだけありがとうと言っても足りないくらいです！　このぶん仕事で頑張ることで恩返しをしたいな〜と思いました！

### ヒント

幼く感じられる原因は、不十分な敬語と過剰な強調。きちんと感謝の念を表すためにも、丁寧語（です・ます）に加え、尊敬語・謙譲語も使いこなしたいところです。「すごく」、「超」、「！」などの強調は使えば使うほど幼稚に見えます。具体的な説明を通して感動を伝える方がよいでしょう。

上司や取引先、同僚、部下など、デキる人の文章は自分の立場に応じて、使いこなしているもの。それらを理解しておくことで出世への道も開かれます。

**品** 格とは、その人から感じられる**気高さ**のこと。

気高さというと、ずいぶん難しそうですが、やるべきことはとてもシンプル。自分の年齢や立場・役割を自覚し、その**文章のTPO**（時間、場所、状況）をわきまえて書くようにすればよいのです。

たとえば、40代になっても若者言葉を連発しているようでは、みっともないものですね。あるいは、お悔やみの手紙に「！」が連発していたら、絶句してしまいます。

そうしたミスをおかさず、

**After**

部署の先輩が、会社の隣のお店に連れていってくださいました。
料理がとても美味しく、特に新鮮ないくらをふんだんに使ったいくら丼は絶品でした。雰囲気もよいお店で、会話が弾みました。
そのような素敵なお店をご紹介いただいた上、ご馳走になってしまい、恐縮でした。
「いつもよくしていただいている分、仕事で恩返しをしよう」との決意を新たにした夜でした。

**解説**

文章が硬くなりすぎない程度に、**尊敬語・謙譲語**を加えました。「くださる」、「いただく」という言葉を使うことで、感謝の気持ちを表しています
また、**具体的な例**を挙げることで、美味しさを伝えています。その分、**強調表現を削る**ことができました。
内容から、インターネット上の日記だと思われます。**他の人の名前を勝手にあげるのはマナー違反**です。個人名を伏せた形に直しています

そのときどきの状況にふさわしいことを当たり前のようにできるということが品格です。
文章の場合、特に自覚をせずに書くと、幼いものができあがってしまいます。**書き言葉は、話し言葉よりも格調が期待されるもの**です。10歳上になったつもりで、語彙や言い回しを選びましょう。
そんな風に背伸びをして文章を書いているうちに、背伸びの状態が当たり前になって、年相応の品格が自然に出せるようになれば最高ですね。
また、30代以降は、表面的な文章術を身につけるだけでは不十分です。文章の背景にある教養の有無が透けてみえるようになる年齢です。本や芸術を通じ、人間の幅もひろげていきましょう。

## Q フレンドリー過ぎると上司に怒られます

## A 話し言葉は使わないと覚えましょう

一見フレンドリーで好感触かと思われがちな話言葉。でも、上司や取引先に使っては失礼になるときも。話し言葉は使わない、と覚えておきましょう。

**Before**

最初はゆるい気持ちで参加していました。なので、アイデアも練れていなくて、たくさんの人とかぶっちゃいました。
でも、だんだん真剣になり、仲間と臨んだ最終プレゼンで負けたときは悔しくて悔しくて涙が出ました。
適当に申し込んだイベントだったのに、濃い体験ができてよかったです。すごいありがたい機会でした。

**ヒント**

「話し言葉ならでは」のボキャブラリーがまざっているので、改めましょう。「悔しくて悔しくて」のような感情的な表現も除きたいところです。また、よく指摘されるように「すごいありがたい」は誤り。用言（動詞・形容詞・形容動詞）を修飾するときには「すごく」と活用させるべきです。

「普通においしい」「ヤバい」「〜じゃないですか」

こうした言葉を書きことばの中で見かけるとギョッとしてしまいます。話し言葉、特に若者ことばは、文章の品格を下げてしまうものです。

確かに、若者ことばの中には、時代が移り変わる中で許容されるようになる言葉もあります。「なぜ使ってはいけないの？」と感じる人もいるかもしれません。

しかし、言葉は身だしなみと同じ。いいか悪いかは、相

**After**

最初はあまり熱心ではありませんでした。そのため、アイデアも考え抜いたものではなく、他の人たちと重なる凡庸なものを出してしまいました。しかし、私は徐々に真剣になりました。仲間と臨んだ最終プレゼンテーションで負けてしまったときは、心から悔しく、涙があふれるほどでした。申し込むときはいい加減な気持ちだったのに、思いがけず、充実した時間を過ごすことができました。すごくありがたい機会でした。

**解説**

「適当」は、会話では「テキトー」と発音し「いい加減だ」という意味です。しかし、書き言葉では、「適切だ」の意味で用いられるのが一般的。誤解を与えかねません。同様に「ゆるい」・「かぶる」・「濃い」も、**話し言葉のボキャブラリー**。「プレゼン」も省略しない方がよいでしょう
接続語に関しては、**文頭に「なので」を置くのは不適切**。「でも」も、幼い印象を与えることがあるので、さしかえています
文末にも品格が出ます。**「〜しちゃう」は避けたいところですね**

手の側が判断するものなのです。譲れないポリシーであるからといって、Tシャツ・短パンで高級フレンチレストランを訪れたら、追い返されるに決まっていますよね。若者ことばも同じです。若者ことばの使用に眉をひそめる人がいない限りは、使うべきではないのです。

メールを送るとき（特に、年輩の人に送るとき）などは、最初に挙げた3つに加え、以下のような言葉が入っていないかチェックしてから送信しましょう。

「何気（なにげ）に」
「めちゃくちゃ」
「ありえない（ほめ言葉）」
「微妙（けなし言葉）」
「ヤバい」「半端ない」
「〜しちゃう」「〜かも」

**Q** 難しい文章だとよくいわれます

**A** 漢字はなるべく使いすぎない

## Before

昨今の教育業界は兎に角、問題山積である。この頃、議論の的となっているのが、部活動等での体罰である。「高校の時、沢山殴られたが、先生方の厳しい御指導のおかげで今の自分がある」等と、郷愁を交えて語る人が散見される。それは、他人と自分が同じ感受性だと言う仮定に基づいた乱暴な主張であると言わざるを得ない。こういう主観の戯言を有識者然として述べるコメンテーターを見掛ける度に虫酸が走る。

### ヒント

「兎に角」や「沢山」といった言葉はひらがなで書く方が一般的。「時」、「等」、「〜と言う」などの補助的な言葉もひらがなで書く方が読みやすく、漢字・ひらがな・カタカナのバランスもよくなります。また、全体としてもっと簡単な言葉使いにできないかを検討したいところですね。

---

頭のよい人と思われたいからと、漢字や難しい言葉を用いる人がいますが、相手に伝わらなければ意味がありません。まずは伝えることを肝に命じましょう。

---

パソコンなら何でも漢字に変換できるので、過剰に漢字に直してしまう人がいます。漢字が多いと文面が黒々とし、見るからに難しく感じられるものです。それで敬遠されては書いた甲斐がありません。読みやすさを心がけ、中身で勝負をしましょう。

『ひょっこりひょうたん島』や『ナイン』で知られる作家の井上ひさしさんは「自分にしか書けないことをだれにでもわかる文章で書く。これができたらプロ中のプロ」と言いました。しかし、現実には

## After

　今の教育業界にはたくさんの課題がある。特にこのごろ問題視されているのが、部活動などでの体罰だ。「高校ではよく殴られたものだが、先生方の厳しいご指導のおかげで今の自分がある」などと、なつかしそうに語る人がいる。こういう人は、他人と自分が同じ感受性だと考えているのではないか。それは乱暴な主張であろう。個人的な感想をもっともらしく語るコメンテーターを見かけると、いやな気持ちになる。

### 解説

「頃」、「等」、「御」などをひらがな表記に改めました。**過度な漢字使用をひかえた**のに加え、**漢熟語を和語にいいかえ**たり、大げさな慣用句を一般的な表現に直したりしています。述べている内容は同じなのに、一気にとっつきやすい文章になったと思いませんか。
「精進する」、「努力する」、「がんばる」のように、大まかには同じ意味であっても、語感の異なる単語があります。表現を吟味し、その文章の読者にふさわしい語を選びましょう。**最優先は読みやすさ**です。

「だれにでも書けることを、だれにもわからない文章で書いている人がいる」のだと。

彼のモットー「**難しいことを易しく、易しいことを深く、深いことを面白く**」は、私たちも真似したいものです。

いつも言葉を「**ひらく**」ということを意識しましょう。難解な熟語をやさしい和語に置きかえたり、ひらがなに直せるところは直したりしましょう。「存亡の危機」なら「このままでは生き残ることが難しい」に直すのです。四字熟語や故事成句、ことわざなどもここぞというところだけで用いる方が効果的です。

文章は自分の知識をひけらかす場ではなく、**メッセージを相手に届ける**もの。その原則を忘れずに書きましょう。

## 大人の文章術／第1部 基本編・品格ある文章術

### Q 正しい敬語の使い方がわからなくなります

### A 尊敬語と謙譲語の違いを理解しよう

相手に対して丁寧にしようとすればするほど、尊敬語と謙譲語を混同して使ってしまったり二重敬語になったりと、やりすぎは逆に品格ダウンにつながります。

**Before**

**次の文の敬語をより適切なものにしましょう。**

①お食事は和食・中華を用意しています。A様はどちらにいたしますか。遠慮なく、お好きなものをいただいてください。

②今ATMはご利用できません。窓口に来てください。

③お世話様です。我が社は12月31日〜1月3日がお休みです。すみませんが、4日以降にお出直しください。

**ヒント**

①「〜いたす」、「いただく」は謙譲語。お客様の動作には使えません。②「ご利用できません」から可能の意を除くと、「ご利用しません」。これも実は謙譲語なのです。また「来てください」では敬意が十分に伝わりません。③「お世話様です」、「すみません」、「我が社」は不適切な表現。

敬語は大きくわけて3種類。口調を「です」「ます」にかえる丁寧語はほとんどの人が使いこなせています。敬語に不安のある人は、目上の人の動作に用いる尊敬語と、自分や身内の動作に用いる謙譲語を復習しておきましょう。

尊敬語は「お読みになる」「読みなされる」「読まれる」というように語尾をつけて表します。中には敬意を強く表しようとして、「お〜になる」と「れる」を合体させる人がいますが、「お読みになられる」は、過剰敬語として誤りです。

038

**After**

①お食事は和食・中華をご用意しております。A様はどちらになさいますか。ご遠慮なく、お好きなものを召し上がってください。
②ただ今ATMはご利用になれません。恐れ入りますが、窓口にお越しください。
③お世話になっております。小社では12月31日〜1月3日、お休みをいただいております。ご足労ですが、4日以降に改めてお越しいただけませんでしょうか?

---

**解説**

**尊敬語：エラい人の動作に用いる**
「お（ご）〜になる」、「〜れる（られる）」、「〜なさる」
例外：いう→おっしゃる、食べる→召し上がる
行く・来る→いらっしゃる
**謙譲語：自分や身内の動作に用いる**
「お（ご）〜する」、「〜いたす」、「〜せて（させて）いただく」
例外：いう→申す、行く→うかがう・参る、見る→拝見する

---

また、謙譲語は自分と身内の動作に用います。日ごろ敬語で話している祖父や上司であっても、家族・会社の外に出れば自分の身内だと考えてください。社外の人に話す場合は、「社長の○○が申しております」という謙譲語になります。

敬語とあわせて覚えておきたいのがクッション言葉。依頼事項の前につけることで、遠慮した気持ちを表します。

・恐れ入りますが
・恐縮ですが
・お手数をおかけしますが

メールでの依頼はきつく受け取られやすいので、これらを使いこなしましょう。88〜91ページに敬語クイズを用意しました。ぜひそちらにも挑戦してください。

# 大人の文章術 / 第1部 基本編・品格ある文章術

**Q** 文章の細かい部分の言い回しが気になります

**A** 「てにをは」をマスターしましょう

## Before

**次の文章の誤りを指摘しましょう**

①Ａ選手は現役続行に強い意欲です。
②今年は野球が話題で、日本シリーズの視聴率・観客動員数が多い。
③現代の若者の夢は、現状維持だと考えていることも何となく共感できる。
④学生時代の友人とは、就職や家庭をもったりすると、なかなか会えなくなる。

> **ヒント**
>
> 主語・目的語と述語がかみ合っていない例をあげました。「Ａ選手は」、「視聴率（は・が）」、「若者の夢は」の述語に当てはまるものを探し、適切な形に改めましょう。④は「就職」と「家庭」が並列されており、このままでは「就職をもったり」とつながってしまいます。

意外と悩んでしまう「てにをは」の使い方。「てにをは」で、意味は大きく変わってきますし、誤解も招いてしまうもの。きちんと理解しておきましょう。

「あなたの文章は『てにをは』がおかしい」そんな指摘をされたことはありませんか。

**てにをは**は日本語の助詞のことをさします。「私は本を買うの」という文の「は」「を」「の」が助詞です。助詞は他の言葉の後ろにつき、まけのような存在にみえます。しかし、この一文字が入れかわるだけで文全体のニュアンスが大きく変わってしまうことがあります。

たとえば、「コーヒーを飲むか、紅茶を飲むか」と質問

**After**

①A選手は現役続行に強い意欲を示しています。
②今年は野球が話題で、日本シリーズの視聴率は高く、観客動員数も多い。
③現代の若者の夢が現状維持である（or現代の若者は現状を維持したいと夢見ている）ことも何となく共感できる。
④学生時代の友人とは、就職したり家庭をもったりすると、なかなか会えなくなる。

解説

文の骨組みとなるのが、
・主語（「～が」、「～は」など）
・述語（「どうした」、「どんなだ」、「何だ」）
です。日本語の場合、主語は省略されることが多いものの、主語があって述語が欠けているパターンはそれほど多くありません
主語と述語がかみ合っていないと、読み進めていて引っかかりを感じます。目的語と主語の関係にしても同様です

されたときに、「コーヒーがいいです」と答えればよいのですが、「コーヒーでいいです」と答えてしまった場合、大変です。「で」を使った場合、「本当はもっと他のものがいいのですが、それがないそうだからコーヒーで妥協する」という印象になってしまうのです。

厄介なことに、日本語の助詞は、意味や用法をはっきりと定義することができません。用例にたくさんふれる中で、どんな使い方が自然なのかを体得していくしかありません。

ただし、この「てにをはの誤り」も、例題でとりあげた**「主語と述語の不一致」**も、声に出して読むと引っかかりを感じることが多いです。文章を書き上げたら、音読をして推敲をするのが、正しい日本語使用への近道です。

**Q** メリハリがうまくつきません

**A** 句読点や記号の使い方が大切です

文章のメリハリやリズムには句読点や記号の使い方で生きてきます。逆にうまく使えないと歯切れの悪い文章になってしまうこともある重要なものです。

### Before

読点（、）の位置をかえ、読みやすくしましょう。

①最初は、はっきりわからなかった事態が徐々にのみこめてきた。
②近ごろ文書を書くときに、気をつけていることはリズムのよい文章を書くことです。
③紫外線は、とても有害なもので浴びると皮膚がんになりやすい。
④しかし事態は、変わらなかった。

> **ヒント**
> 声に出して読んでみると、違和感を覚えることでしょう。自然に音読することができる位置に読点を移します。結果として、意味の区切り目となる箇所につくはずです。

**句読点。** どちらが句点で、どちらが読点かはご存知ですか？「——」「。」が句点、「、」が読点です。

小学校の音読指導では「句点は2秒、読点は1秒やすみなさい」といわれることがあります。文章に読点をほどこすときも、そうしたリズムを第一に考えればOKです。ただし、読点の打ち方にも作家ごとの個性があります。たとえば、村上春樹はこまめにうちます。（→126ページ）

さて、文が長くなってしま

**After**

①最初ははっきりわからなかった事態が、徐々にのみこめてきた。
②近ごろ文書を書くときに気をつけていることは、リズムのよい文章を書くことです。
③紫外線はとても有害なもので、浴びると皮膚がんになりやすい。
④しかし、事態は変わらなかった。

**解説**

読点は、声に出して読むときの区切り目であると同時に、意味のまとまりを示す記号です。おおむね次のような部分に打つとよいでしょう
①長めの主語や目的語の後　　　　　　…　例題1・2
②原因や理由の後　　　　　　　　　　…　例題3
③逆接（〜が）や対比（〜ではなく）の後
④接続語（特に逆接・話題転換）の後　…　例題4
⑤動詞の連用形の後（例：空を見上げ、ため息をついた）

ったときに、上手に導入したいのがカギカッコ「　」です。たとえば、

・子どものころ、お母さんは私のことを愛してない、仕事が優先なんだと感じていた。

に「　」をほどこすと、

・子どものころ、「お母さんは私のことを愛してない。仕事が優先なんだ」と感じていた。

となり、文の構造がわかりやすくなります。他にも、特に目立たせたいキーワードや、書き手独自のニュアンスで使っている単語にも、「　」をつけることがあります。

その他の記号について、使い方の誤りがみられるのが次の2つです。

・3点リーダ「……」
・ダッシュ「――」

これらは必ず、2つ続けて使われることになっています。

# Question 01

変換ミスじゃ許されない

## 間違いやすい漢字編

次の赤色の部分を正しい漢字に直しなさい。

① 私はどうも**意思**が弱くていけない

② 部長にご**決済**いただきたい

③ 新人に責任を**転化**してはいけません

④ あの会社の存在はわが社にとって**驚異**です

5. 労災の**保証**を求める
6. 製品を洗浄する**課程**でミスが生じたらしい
7. 今月の経費を**清算**する
8. お宅にお**窺**いしたいと存じます
9. **今**だに納得がいかない
10. あの件は**以外**な形で決着を見た

# Answer 01

**① 意志**
「何としても成し遂げたい」という強い気持ちを「意志」といいます。強弱でなく、考えの内容に注目する場合は「意思」を用います（「意思を尊重」する、「意思の疎通」など）

**② 決裁**
「決済」は支払いのことで「現金決済」、「カード決済」のように代金の支払い方を表すときに用います。「決裁」は権限をもつ上位者が、部下の提出した案の可否を判断すること。

**③ 転嫁**
「転化」は「宅地を農地に転化する」のように、他の状態に変わることを意味しています。この例文には、罪や責任を人に押し付ける意味の「転嫁」がふさわしいでしょう。

**④ 脅威**
「驚異」は、驚くべき不思議な現象のことを指します。英語の「wonder」の語感で、「大自然の驚異」などと使われます。自身を脅かすものの存在を表すには「脅威」を使います。

**⑤ 補償**
「保証」は、大丈夫だと認めて責任をもつこと。「保証書」や「連帯保証人」で使われます。「補償」は損害・損失の埋め合わせをすること。権利や安全を守る「保障」もあります。

### ⑥ 過程

「課程」は、学校教育関係で用いる言葉で、ある期間に割り当てる一定の学習・作業の内容・順序のこと。途中経過、プロセスの意味では「過程」を使います。

### ⑦ 精算

「清算」はこれまでのマイナスのものに決着をつけることで「借金を清算する」、「過去を清算する」のように使います。お金をくわしく計算することを「精算」。対義語は「概算」。

### ⑧ 伺

「窺う」は「顔色を窺う」や「すきを窺う」のように、のぞき見ることを表しています。訪問するという意味では「伺う」ですが、ひらがなで書いても構わないでしょう。

### ⑨ 未だ

「いまだ」は「まだ」という意味であり、それを「未」の字で表します。「陥る（×落ち入る）」、「請け負う（×受け負う）」のように、訓読みにも誤りやすいものがあります。

### ⑩ 意外

「以外」は「関係者以外」のように、ある範囲の外側を表します。予想外であることを示したいときは「意外」。簡単な漢字ですが、意外なほどに誤変換してしまう熟語です。

# Question 02

後悔先に立たずにならないために

## 間違いやすい慣用句編

次の文中の慣用句の誤りを正しく直しなさい。

❶ その新商品は業界に**波紋を生じた**。

❷ 彼の指摘は実に**的を得ている**。

❸ あの新人は不思議と**目鼻が利く**。

❹ **満を期して**、彼の登場だ。

⑤ 交流会では**愛想をふりまいて**おけよ。

⑥ 理不尽な対応をされ、**怒り心頭に達した**。

⑦ 挑発的な言葉に**食って返した**。

⑧ **出る釘は打たれる**ものだ。

⑨ A社倒産で我が社にも**火が降りかかった**。

⑩ 人のうわさも**四十九日**だ。

# Answer 02

**❶ 波紋を生じた → 波紋を投じた**

反響を呼ぶ問題を投げかけること。もともと「石を投じる」という慣用句との混同から生まれた言葉らしく、意味から考えると「生じる」の方が正しく見えるのが厄介なところ。

**❷ 的を得て → 的を射て**

矢が的を射抜くことから生まれた言葉であり、「的を得る」は誤りです。「当を得る（道理にかなう）」「意を得る（思い通りになる）」と混同しやすいので注意しましょう。

**❸ 目鼻が利く → 目端が利く**

「目端が利く」とは、その場に応じて才知を働かせることができる様子。臨機応変な要領のよさを表します。「目鼻をつける（物事の大まかな見通しをつける）」との混同に注意。

**❹ 満を期して → 満を持して**

もともと中国の故事で、弓をめいっぱい引いた体勢を維持すること。現在では、十分に準備をして機会を待つことをさします。生命保険などの「満期」からか、誤解する例も。

**❺ 愛想をふりまいて → 愛想をよくして**

ふりまくのは「愛嬌」ですね。ただ「愛嬌」はもともと、子どもなどがもともと備えもっている愛らしさをさす言葉です。意図的にふりまくようなものではないので、不適です。

**❻ 怒り心頭に達した→怒り心頭に発した**

心の底から激しく怒ること。文化庁の調査（２００５年）では、正しく使えた人が14パーセント、「達した」と間違えた人が74パーセントに達したそうです。

**❼ 食って返した→食ってかかった**

激しい口調や態度で相手に刃向かっていくこと。「食って返す」という表現はありません。なお「人を食った態度」は、人を人とも思わない、ずうずうしい態度や言動を表します。

**❽ 出る釘は打たれる→出る杭は打たれる**

才能や手腕があって抜きん出ている人は、とかく妬まれてしまいやすいという意味。ちなみに「釘をさす」は、あらかじめ念を押しておくことです。

**❾ 火が降りかかった→火の粉が降りかかった**

直接関係のないはずの物事が自分にまで影響を及ぼし、迷惑や損害をこうむること。火に関しては「対岸の火事（自分には関係なく、苦痛のないこと）」という表現もあります。

**❿ 四十九日だ→七十五日**

世間のうわさは長くは続かないから気にしなくて構わない、という意味。だいたいひとつの季節が過ぎれば、ということのようです。四十九日は人が亡くなった後の法要のひとつ。

# Column 02

## 語感を鍛えれば文章力はさらにアップ！

言い方を変えるだけで印象が強くなる

言葉がかもしだす雰囲気のことを「語感」といいます。「復讐」は重く深刻な印象を与えますが、「仕返し」という言葉にはイタズラ程度でも使えるような軽さがあります。このように、言葉は基本的な意味の外側に「語感」をまとっているのです。語感の微妙な違いにより、似た意味の言葉でも置き換えられないことがあります。

たとえば、「著名人」と「有名人」。『大辞泉』の「著名人」の項には「世間に名が知られている人。有名人」と書かれており、ほとんど同じ意味といえます。しかし、あらためて2つを並べると、語感の違いに気づくのではないでしょうか。「著名人」には、ある分野や地域で影響力をもつ実力者の風格がただよいます。「有名人」は名前を広く知られている人で、スキャンダルや犯罪で注目を浴びたとしても、有名人は有名人です。

①には「有名人」、②には「著名人」を入れるのがふさわしく、逆にすると落ち着きません。私たちは、長年の日本語使用経験の中でノウハウを蓄積し、辞書に表れない語感まで使いこなしているのです。

さらに語感は、その言葉を発した人の価値観や性格・感情をも伝えます。ピザをピッツァと書くは、本格派を自負しているでしょう。「昼間から酒を飲んでいる」を「真っ昼間から酔っ払っている」というときは、驚きや非難の気持ちをこめているのです。

① 今回の騒ぎですっかり
（　　　）になった。

② 芥川賞の受賞で、
彼も（　　　）の仲間入りだ。

## 語感を鍛えてみようクイズ

① 「名家の子女にふさわしく、茶道の（　）」
A・素養がある
B・たしなみがある
C・才能がある

【B】茶道を習い、身につけているということ。生まれ持った能力を意味する「才能」はあてはまりません。「素養」は「漢学の素養」のように使い、知識が多いことをたたえる言葉です。

② 「（　）話し方が奥ゆかしい女性」
A・古めかしい
B・古風な
C・古くさい

【B】「奥ゆかしい（品があって心ひかれる）」に続けるためには、プラスでしなやかな印象の言葉でなくてはなりません。「古くさい」はマイナス、「古めかしい」はいかつい語感です。

③ 「（　）な子ども」
A・純真
B・純情
C・清純

【A】「清純」は主に若い女性を評していう言葉。邪心のなさを意味する「純真」も入りそうですが、近年ではもっぱら恋愛の文脈で用いられる語であるため「純真」が最適です。

④ 「今年ドラフト４位で入団したルーキーの（　）は東京都だ」
A・出身地
B・郷里
C・ふるさと

【A】「郷里」はもともと村落の意味合いがあり、田舎を感じさせます。「東京都」と相性の悪い言葉です。「ふるさと」は情緒的な味わいが強い言葉なので、この文体にはなじみません。

⑤ 「父の容体が少し落ち着いたので、私は（　）ことにした」
A・うとうとする
B・居眠りをする
C・仮眠をとる

【C】「うとうとする」というのは、うっかり寝入ってしまうという語感があり「〜ことにした」に続きません。「居眠りをする」の悪い語感も、父の看病に献身する状況に合いません。

## Q ▼ 多くのことを詰め込みすぎてしまいます
## A ▼ 本当に伝えたいことを伝える法則

> 文章はなるべく簡潔なほうがよく伝わります。伝えたいことを取り込みすぎてしまえばしまうほど、内容は伝わりづらいもの。まずは整理が必要です。

### Before

当店の接客について、覆面調査員が最低評価をつけたそうです。部長が激怒されています。当店はもともと、売り上げの低迷で目をつけられていました。そこにこの評価ですから、今後、厳しい監視下に置かれることは間違いありません。

これはいつもいっていることですが、アルバイトの1人ひとりがもっとプロ意識をもち、質の高い接客をしてください。これはお店の存続にも関わることです。

> **ヒント**
> 店長の愚痴になってしまっています。そもそも店長は、この文章を見たアルバイトに、どのような具体的行動をとってもらいたいのでしょうか。彼らにその行動をとってもらうには、どのような伝え方をしたらよいでしょうか。それこそが今回、本当に書かなくてはいけないことです。

**人**の心を動かす文章を書きたいと思ったら、**絶えずゴールを明確に意識する**必要があります（もちろん、書き上げるということがゴールではありません）。

どの文章も、基本的には「**だれかに何かをしてもらう**」ために書かれています。広告であれば、お客様に商品を買ってもらう。謝罪文であれば、怒らせた相手に許してもらう。どの文章も、読む人の具体的なアクションを引き出すということが目的です。読み手に期待した反応がなければ、ど

**After**

残念ながら先日、当店の接客に関し、きびしい声が寄せられました。「メニューを覚えておらず、注文をとるのに時間がかかる」、「従業員同士の私語が客席に聞こえてくる」というご指摘です。今後、この2点のようなことがないよう、ご協力お願いします。メニューや接客について不明なことがあれば、私（店長）や社員に気軽に尋ねてください。皆さんと協力し、いいお店にしていきたいと思いますので、よろしくお願い致します。

**解説**

アルバイトにしてみれば、覆面調査員や部長の話は自分に関係がありません。一方的に自分たちのことを責める文章に反発を覚え、素直に注意を聞く気にならない人もいるでしょう。

この文章のねらいは、店長のイライラを皆に伝えることではなく、アルバイトの行動を変えることです。「プロ意識」や「質の高い接客」と漠然と伝えるだけでは、具体的に何をしたらいいかわかりません。Afterでは、まず**これだけは直してほしい**という点を具体的に示しています。

どんなに上手い日本語を書いていたって、その文章は失敗です。逆に、読み手が動いてくれたなら、走り書きのメモでも大成功なのです。

当然、目的に応じて書き方が変わります。読者に感動してもらう小説の文体と、読者に納得してもらう意見文の文体とは違うはずです。同じ商品の広告でも、人々に商品を知ってもらうのが目的の場合と、買ってもらうのが目的の場合では、情報の取捨選択や力点のかけ方が違ってきます。目的を意識せずに何となく書いたり、書くこと自体が目的になったりすると、できあがるのは誰にも響かない文章です。「だれに何をしてもらうのか」を常に自問自答しながら書くようにしたいものです。

## Q 当たり障りのない文章になってしまいます

## A 何を伝えたいか入念な準備が必要

### Before

A案、B案それぞれにメリットとデメリットがあります。

とりあえずA案のメリットは、準備に時間がかからず、すぐに実行できそうなことです。B案の場合、数ヶ月単位での準備期間が必要そうです。

しかし、A案にもデメリットがあります。マンパワーに依存しなくてはいけないことです。その点、B案は仕組みでカバーできる点が多いです。

まさに一長一短という状況です。

> **ヒント**
>
> それぞれの案にメリット・デメリットがあるのはあたりまえの話。上長の判断をあおぐ場合でも、「自分としてはこう考えますが、○○さんとしてはどうご判断なさいますか?」という積極的な姿勢で報告したいものです。「一長一短」という四字熟語で何となく逃げている場合ではありません。

**自信がない文章は、下調べがなくうわべだけの印象になってしまうものです。テクニックももちろん必要ですが文章を書く前の準備はしっかりしましょう。**

### 結

局、何がいいたいのかわからない。そんな文章にイライラさせられた経験、誰しもあると思います。しかし、いざ書き手に回ると、自分も結論の見えない文章を書いてしまう人が多いものです。

その多くは「文章が下手で意見が伝わらない」のではありません。そもそも「**意見が定まっていない**」のです。事前に調べたり考えたりして、自分なりの見解をもった上で文章を書きはじめたいものです。結論までは出せない場合でも、**争点をクリアに示**

**After**

A案のメリットはすぐ準備できることです。ただし、マンパワーに依存する方法なので、社員の異動・退職などがあると運用が混乱します。
B案は約2ヶ月の準備期間が必要ですが、システマティックな方法なので安定性が高いです。
つまり、スピードと安定性のどちらを優先するかという問題です。私としては、スピードを重視し、A案に賛成します。2ヶ月の間に今回のトラブルが深刻化することが懸念されるからです。

> **解説**
>
> 「マンパワーに依存する」ことがどのような問題につながってくるのか。B案の準備期間は具体的にどれくらいなのか。結局、争点はどこにあるのか。自分としてはどちらを推すのか。これらについて踏み込んで言及されていて、読みがいのある文章です。
> ・テーマに関して十分に調べたり考えたりしていない
> ・自分自身で決断するリスクを引き受けようとしない
> こういうとき、人は当たり障りのない文章を書いてしまいがちです。

すことには挑戦しましょう。「こういう感じです。どうしましょう」という会議資料では、そもそも議論がはじまりません。「こうしようと思うのですが、どうでしょうか」「特に考えるべきはこの点です」などと問題提起をしてくれていれば、それが議論のたたき台になります。読み手もそれに触発され、思考が動き出します。批判を浴びて悲しい思いをするかもしれませんが、議論が進み、何らかの結論が出たとすれば、その会議資料を書いた甲斐は十分にあったというものです。

わざわざ手間ひまをかけて文章を書くのです。毒にも薬にもならないような文ではなく、自分なりのとがった意見を書いてみたらいかがでしょうか。

## Q よいキャッチコピーがつくれません
## A 名作コピーに学ぶ言葉の伝えかた

文章を端的に、そして魅力的に伝えるのがキャッチコピー。よいコピーはどんなに長い文章よりも説得力があります。名作コピーを参考にしましょう。

### Before

メール全盛の今日、年賀状を送り合う習慣がすたれつつあるといわれています。
ハガキで年賀状を出すのをやめてしまった人たちに、年賀状の魅力を再認識してもらうためのキャッチコピーを考えてみましょう。（30字以内）

---

**ヒント**

年賀状を出さない人たちは「準備が面倒くさい」、「わざわざ書く必要を感じない」と考えているはずです。手間をかけて書いた先に何があるのか、さらには、手間をかけるからこそ生まれてくるものは何か、を伝えてみましょう。「年賀状を書くのは礼儀！」という説教臭いコピーはNG。

---

オリジナリティのある文章を書きたいと思ったとき、発想のヒントになるのが**広告の言葉**です。

すぐれたキャッチコピーは、単なる商品紹介の枠をこえた影響力をもちます。**たったひとことで、現実を再定義し、これまでの価値観をぐるりと変えてしまう**ことがあります。

上の例で紹介した岩崎俊一さんは、たったひと言で既存のものの見方を変えてしまう凄腕のコピーライターなのです。

たとえば「やがて、いのち

**After**

岩崎俊一さんによる実際のキャッチコピーです。
・年賀状は、贈り物だと思う。
・出す年賀状の数は、私を支える人の数です。
・1月1日のあなたの、心の中にいたい。

**解説**

岩崎俊一さんは、カンヌ国際広告賞などを受賞している名コピーライターです。TOYOTA(プリウス)の「21世紀に間にあいました」や、プレナス(HottoMotto)の「幸福は、ごはんが炊かれる場所にある」をはじめ、心に染み入るコピーで知られています。
彼は、年賀状を「一年で、いちばん初めに届けられるプレゼント」だと再定義しました。プレゼントだと思うと、相手の喜ぶ顔を想像しながら選んだりつくったりする手間そのものを楽しく感じられる気がします。

「に変わるもの」。これはミツカンの会社スローガンとして書かれたキャッチコピーです。私はこのコピーを知って以来、ミツカンのお酢やポン酢を見るたびにこの言葉を思い出します。同時に、日々口にしている食べ物が自分のいのちを形づくっているという事実も思い出します。それは、当たり前のようでいて、忘れてしまいがちなこと。このコピーは、私と食べ物との付き合い方を変えたのです。

「英語を話せると、10億人と話せる。」(ジオス)も名コピーです。まだ英会話に通っていない人も、すでに英会話に通っている人もハッとさせられたのではないでしょうか。10億という壮大な数字が、英会話を学ぶということの意味を再定義したのです。

## Q 心をつかむ広告のつくり方

パッと相手に伝わる文章がつくりたい

### Before

アウトドアグッズの専門店「山の友」のキャッチコピーとして最適なものはどれでしょうか。

・We love MOUNTAINS!!
・アウトドアショップ神奈川県最大級3000点の品ぞろえ
・アイゼンからダッチオーブンまでアウトドアグッズが何でもそろう店
・安全で楽しいアウトドアライフのパートナー
・アウトドア好きの店員ばかりのお店です

**ヒント**

店名だけでは伝わらない情報を補い、注目を集める効果を果たしてこそキャッチコピーの存在意義があります。お店の側の独りよがりなこだわりにならないよう気をつけて。実際にお客様がお店を探すときに参考になる情報という観点から選定するとよいでしょう。

### A

キャッチコピーを考えるとき、音の響きや字面のカッコよさにこだわる人が多いですね。でも、実は「どう伝えるか」より大切なことがあります。「何を伝えるか」です。

1つの商品やサービスには、さまざまな特徴があります。どの部分を切り取って伝えるのが最も重要なのです。

大切なのは、万人に訴えかけようと欲張らないこと。顧客になりそうな**1人の人間を具体的にイメージ**し、その人のニーズにこたえる形で切り

広告のキャッチコピーには限られた文字数の中で、とても練られたものが多くあります。これはと思う広告を真似することから、よいものは生まれてきます。

**After**

1位　アウトドアショップ神奈川県最大級3000点の品ぞろえ
2位　アウトドア好きの店員ばかりのお店です
3位　アイゼンからダッチオーブンまでアウトドアグッズが何でもそろう店
4位　安全で楽しいアウトドアライフのパートナー
5位　We love MOUNTAINS!!

**解説**

1位 店名のみでは伝わらない「アウトドアショップ」が明記されていて◎。規模や商品点数から、ここなら全部そろうという安心感を与えます
2位 アウトドアグッズ購入の際には、専門知識のある人に相談したいものです。このお店なら安心して買い物に行けるという印象を与えます
3位 アイゼンやダッチオーブンを知らない初心者には伝わらないコピー
4位 無難なコピーですが、抽象的すぎて記憶に残りません
5位 新情報ゼロ。英語はオシャレですが、伝えられる内容が少ないです

取るのです。
　たとえば、喪服を売るネットショップのコピーに適しているのはどちらでしょうか。
A　豊富なデザインをとりそろえております
B　即日発送　お急ぎなら24時間以内にお届け
　インターネットで「喪服」と検索している人について想像してみましょう。突然、知人が亡くなった知らせを受け、急に喪服が必要になったという可能性が高そうですね。だとすると、響くのはBです。
　一流のコピーライターは、**潜在的なニーズ**をくみとってコピーをつくります。消費者本人でさえ、はっきりと自覚していなかったニーズをいい当ててしまうのです。その仕事を支えているのは、1人の顧客を思い描く想像力です。

## Q 表情豊かな文章になりません

## A シズル感を使いこなしましょう

**Before**

シズル感を用いて**太字**の部分を表現しましょう。
①初めて会ったときの美和子のことは今でもよく覚えている。彼女は**濃い青色の**ドレスを着ていた。華やかなのに、ミステリアスだった。
②なぜだろう、そのときは**無性に**さびしかった。心細かった。もう誰でもいいから、今この瞬間わたしの隣に来ておしゃべりをしてくれたらいいのに、と願った。

> **ヒント**
> 身のまわりにある青いものや、痛切なさびしさを感じた経験を思い出してみましょう。凝ったたとえも興味深いものですが、あくまで読み手に共感してもらえそうな範囲で選ぶようにすると効果的でしょう。前後の文脈とあまりにそぐわないものは避けて。

**魅**力的な文章を目指してほしいキーワードの1つが「**シズル感**」です。

「シズル」というのは、英語の擬音語で、お肉を焼くジュージューという音のこと。ジュージューと焼けるステーキから肉汁がしたたる様子を見たら、もうヨダレが止まらなくなりますよね。そんな風に本能に訴えかけてくる、みずみずしい魅力のことをシズル感と呼ぶのです。

もともとは「食欲をそそる」という意味で使われていたの

> 表情豊かな文章はシズル感がキーワードです。自然現象や身の回りのことをさらに相手にイメージさせるために用いることで効果をあげましょう。

**After**

① ・サファイアのように真っ青な
・熱帯魚を思わせる鮮やかな青色の
・絵の具の青と紺を混ぜ、まったく薄めずに塗りたくったような

② ・この地球上にたった独りきりで取り残されてしまったかのように
・数十年寄りそった連れ合いを亡くしてしまったかのように
・息をするのを忘れてしまいそうになるくらい

**解説**

比喩をうまく使うと、言葉が五感に訴えかけるものになります。単純に「赤いほっぺ」とあれば、文字面をそのまま読み流してしまいがちです。しかし、「リンゴのように赤いほっぺ」と書かれていたら？　私たちは一度、頭の中にリンゴの映像を思い浮かべますね。比喩はこうして五感に訴えるのです。とはいったものの、「りんごのようなほっぺ」はもはや使い古されていて、映像を想起させるパワーを失いつつあります。工夫された新鮮な比喩こそが「シズル感」の源泉となります。

ですが、「本能に訴えかける魅力」のような意味に広がりつつあります。文章だけでシズル感を感じさせることができるようになれば、もはやプロといってよいでしょう。

それではシズル感のある文章とはどういうものでしょうか。「このお肉おいしい！」ではダメですよね。「熟成したフィレ肉で、噛めば噛むほど凝縮された旨味があふれ出します」といわれたら、食指が動きますね。**文章は具体化にした方がパワーをもつのです。**「きれいな女性」よりも「長いまつげが印象に残る女性」の方がシズル感を感じさせます。抽象的な表現は理屈に訴えますが、具体的な表現は五感に訴えるものになるのです。くわしい描写や比喩を使いこなしてシズル感を目指してください。

大人の文章術 / 第1部 基本編・相手の心を揺さぶる文章力

**Q** 文章の中身をもっと濃くしたい

**A** 説得力は数字を活用する

## Before

**様子がより具体的に伝わるように下線部を書き直しましょう。**

①新しく建ったビルは、とても高かった。
②当社は急成長中です。

> **ヒント**
>
> 「とても高い」、「急成長」の度合いを数字で表現してみましょう。ぜひ複数のいい方を挙げてみましょう。

文章だけではどうも説得力が足りないと感じたときには、数字を取り込むことで説得力が増し、文章も生き生きとしてくるもの。実際にやってみましょう。

数字は客観的な指標であるだけに、誰にも文句をいわせない圧倒的なパワーをもっています。また、具体化の極致でもあるため、心にもズシンと響くものがあります。

例文にも示した通り、「とても」、「すごく」などの強調表現を使いたくなったら、数字で置きかえられないかを検討してみるとよいでしょう。実際の数字を示すのがよい場合もあれば、他社や前年との比較をした方がよい場合もあります。実際の金額として

064

> **After**

①250mの高さをほこった。
　この街のそれまで1番高かったマンションの2倍はあろうかという。
　日本で3番目に高いビルとなる。
②売上高が前年より10億円伸びております。
　利益が前年比30％増でございます。
　創業5年で、業界No.3になりました。
　3年連続、増収増益です。

> 解説
>
> 数字のもつ客観性や迫力は、多くの人を納得させます。使い方としては、
> ・**具体的な数字を出す**（売上高、建物の高さ、敷地面積など）
> ・**ランキングや希少性**（日本一、世界初、○県に1店舗しかないなど）
> ・**割合**（前年比、目標比、利益率、業界内のシェアなど）
> 感覚的にイメージさせたい場合は「東京タワーを見下ろせる高さ」などと、世間によく知られているものと比較してもよいでしょう。そうした表現の代表が「東京ドーム○個分」です

はインパクトのない数値でも、**割合や比較を用いることで、インパクトのある数字**に早変わりすることもあります。試行錯誤をしてみてください。中には数字を毛嫌いしている人もいます。**感覚寄りには「シズル感」、理屈寄りには「数字」で訴える**という使い分けも考えられるでしょう。さて、ある人事担当者は、採用面接で必ず「自分に点数をつけるとしたら何点ですか」という質問をするそうです。点数という客観指標を入れることで、「他人から見た自分」を冷静に分析するというスイッチが入るのだそうです。

書いていて自分独自の世界に入り込む傾向のある人は、意識的に数字をとりいれてみては？　独りよがりの度合いを軽減できるはずです。

## Q もっと人の心を揺さぶる文章を書きたい
## A 俳句・短歌で鍛えてみましょう

長い文章で人を惹きつけるには、短い文章の鍛錬がとても重要です。俳句や短歌など自然の情景を巧く切り取った歌はとても参考になるものです。

**Before**

俵万智さんの短歌です。それぞれの情景を想像し、説明してみましょう。
① 「寒いね」と話しかければ「寒いね」と答える人のいるあたたかさ
② 金曜の6時に君と会うために始まっている月曜の朝

> **ヒント**
> 『サラダ記念日』（河出書房新社）で知られる俵万智さんの短歌です。五・七・五・七・七の定型を守りつつ「　」を用いるなどの手法をとりいれ、誰もが親しみやすい口語短歌の世界を切り拓きました。この2首も、情景が目に浮かぶような具体性をもち、読み手の共感を引き出します。

相手の心を揺さぶる基本は五感に訴えることだとお話ししてきました。書き手は、自分がイメージしている情景を、読み手の脳裏にありありと浮かび上がらせることが必要なのです。

この**書き手と読み手のイメージの分かち合いを短い字数で実現している**のが短歌・俳句の世界です。

その奇跡は一語・一音を徹底的に吟味するストイックな姿勢から生まれています。自分の心象風景をぴったり再現してくれる言葉は何か、あれ

**After**

①2人で自転車を引きながら下校している高校生カップル、いたわり合う老夫婦、さまざまな想像ができます。連れ合いを亡くした人が、相手の生きていたころをふりかえり、さびしさをかみしめている姿だと読むことも可能です。

②平日会えない分、週末に会える喜びはひとしお。それを心待ちに、退屈な月～金を乗り切ります。月曜朝、満員電車に揺られながらも、金曜6時の待ち合わせを思うとにやけてしまいます。

---

**解説**

**この味がいいねと君が言ったから七月六日はサラダ記念日**

これは俵万智さん自身の体験から生まれた一首。ただし、実際には七月六日ではなく、料理のメニューもサラダでもなかったそうです

「あっ」と心が揺れる瞬間。その感動を他の人と分かち合うには一工夫が必要です。ささやかな記念日を喜ぶような初々しい2人にふさわしい料理は何か。季節はいつか。この「七月六日」「サラダ」は選び抜かれた言葉なのです。サ行音が歌をさわやかなものにしています

---

やこれやと試行錯誤するのです。松尾芭蕉の「閑さや岩にしみ入る蝉の声」は、「山寺や石にしみつく蝉の声」「淋しさの岩にしみ込むせみの声」「さびしさや岩にしみ込む蝉のこえ」などの試行錯誤を経てできあがった一首です。

なお、俳句はたった17音の世界なので、表現は簡素なものにならざるをえません。季語ルールがあるため、抽象的な考えを俳句に読むことは難しく、描かれるのは具体的な情景になります。俳句の多くはその情景をぽんと示すだけ。その映像を読み手の中にかき立てて、それをどう受け止めるかは読み手に任せるのです。

**最後まで語らない、この引き算の美学**。饒舌の対極にある上級者の世界です。

# Column 03

## 辞書と向き合うのが楽しくなる方法
## 国語辞典との付き合い方で文章力は確実に伸びる

本や新聞などで、意味のわからない言葉に遭遇したら、どうしていますか。

文化庁の調査では、二十代の8割以上が「インターネット上の辞書を利用する」と回答したそうです。スマートフォンから気軽に辞書を使えるおかげで、意味をきちんと調べることのハードルが下がっているのはよいことです。

せっかく調べたのなら、意味だけでなく、例文まで読むのが賢い辞書の使い方。言葉の意味というものは、どこかに絶対的な正解があるわけで はありません。三浦しをん『舟を編む』(光文社)でも描かれていた通り、辞書編集者は膨大な用例を集め、それに基づいて語の意味を追求しているのです。実例が先にあり、後から意味がまとめられている。だからこそ、例文まで目を通したいものです。

複数の辞書を引くと、意味ごとに説明が異なってきます。辞書ごとに説明を読み比べながら、自分なりの結論を導くのも、辞書との楽しい付き合い方です。

いくつかの辞書の特徴を紹 介しておきましょう。1冊ももっているという方も、セカンドオピニオン用の1冊をもっておくとよいと思います。

『広辞苑』24万語を収録。百科事典のような詳しい解説も。

『角川必携国語辞典』現代語の背景にある古文の世界からひもとき、言葉の繊細なニュアンスを解き明かしている。

『新潮現代国語辞典』文学作品からの用例が充実している。

『明鏡国語辞典』『アプリ』『貧乳』など、現代の若者ことばも積極的に採録。

### おもしろいと評判の『新明解国語辞典』(三省堂)の語釈

**れんあい【恋愛】**
特定の異性に特別の愛情をいだき、高揚した気分で、二人だけで一緒にいたい、精神的な一体感を分かち合いたい、出来るなら肉体的な一体感も得たいと願いながら、常にはかなえられないで、やるせない思いに駆られたり、まれにかなえられて歓喜したりする状態に身を置くこと。(第5版)

**はまぐり【蛤】〔浜栗の意〕**
遠浅の海にすむ二枚貝の一種。食べる貝として、最も普通で、おいしい。殻はなめらか。〔マルスダレガイ科〕[数え方]1枚(第5版)

**こうぼく【公僕】**
〔権力を行使するのではなく〕国民に奉仕する者としての公務員の称。〔ただし実情は、理想とは程遠い〕(第3版〜第5版)

**しゃれ【洒落】**
〔その場の思いつきとして〕類音の語に引っかけて、ちょっとした冗談を言う言語遊戯。例、富田という男が何か失敗して、みんなが気まずい思いをしている時に「とんだ事になったな」などと言って、しらけた空気を紛らすなど。(初版〜第4版)

**どうぶつえん【動物園】**
生態を公衆に見せ、かたわら保護を加えるためと称し、捕らえて来た多くの鳥獣魚虫などに対し、狭い空間での生活を余儀なくし、飼い殺しにする、人間中心の施設。(第4版)

## 好感度アップのメール術 1

**Q** メールを書くのに時間がかかります

### 依頼

相手が判断しやすいように、依頼の内容・条件などは具体的に示します。これまで付き合いがない相手に依頼する場合には、依頼のきっかけなどを示すと話が進みやすいでしょう。

---

件名：新入社員研修でのご講演の依頼

椛 太郎様

はじめまして。突然のメール、失礼いたします。
株式会社椛商事 人事部の石井智子と申します。

このたびは弊社の研修にて椛先生にご講演をお願いしたく、
ご連絡をいたしました。
ご著書『攻めの姿勢で情報収集』を拝読し、
先生のお話は、わが社の社員にとって
貴重なものになると確信いたしました。

ご多用中恐れ入りますが、下記のテーマおよび条件にて
ご講演をお願いできればと存じます。

****************************************
テーマ：「管理職の身につけたい情報収集術」
日時：平成25年12月2日（月）午前10～12時
会場：当社会議室（渋谷駅すぐ、スクール型50名）
謝礼：20万円（交通費別途）
****************************************

改めて明日こちらからお電話させていただきます。
ご検討のほど、なにとぞよろしくお願い申し上げます。

---

メールを送るときいつも時間がかかる、それでは他の仕事に支障がでてしまいます。時間を短縮し、かつよい文面で送りたい。そんなときの参考例を紹介します。

070

## 確　認

電話など、口頭で約束したことについては、失念を避けるために、形の残るメールで内容を確認しておきましょう。「言った」「言わない」の争いに陥りやすい契約条件なども文字におこしておくことをお奨めします

---

件名：12月17日（火）14時の打ち合わせについて（確認）

ミタ株式会社　営業部
加藤慶子様

いつもお世話になっております。
株式会社椛商事の栗山と申します。

先ほどお電話でお約束した次回打ち合わせについて、
念のため日時等お知らせいたします。

\*\*\*\*\*\*\*\*\*\*\*\*\*\*\*\*\*\*\*\*\*\*\*\*\*\*\*\*\*\*\*\*\*\*\*\*\*\*\*\*\*\*\*\*\*\*\*\*\*\*\*\*\*
日時:平成25年12月17日(火)午後2時〜
会場:当社会議室
テーマ:新商品のインターネット販売について
\*\*\*\*\*\*\*\*\*\*\*\*\*\*\*\*\*\*\*\*\*\*\*\*\*\*\*\*\*\*\*\*\*\*\*\*\*\*\*\*\*\*\*\*\*\*\*\*\*\*\*\*\*

当日はどうぞよろしくお願い申し上げます。

## Q お礼と督促のメールが難しい
## A 好感度アップのメール術 2

### お礼

簡潔でも構わないので、早いタイミングで送ることが重要です。打ち合わせや受注・贈り物などのお礼であれば即日、接待のお礼であれば翌日午前中のうちに送りたいところです。

---

件名：新商品「無農薬野菜ジュース」の打ち合わせのお礼

ミタ株式会社　営業部
加藤慶子様

いつもお世話になっております。
株式会社椛商事の栗山と申します。

本日はお忙しいところ、お時間を割いていただき、
ありがとうございました。

弊社の新商品「無農薬野菜ジュース」の販売方法につき、
加藤様より数々の有益なご提言をいただきましたこと、
厚くお礼を申し上げます。

上司に報告しましたところ、
インターネットでの直接販売に力を入れたいとのことでした。
次回の打ち合わせでは、その点に関して
さらに詰めていきたいと考えています。

今後ともどうぞよろしくお願い申し上げます。

---

メールは手軽で便利ですが、誠意ある文章を書くのにはコツがいるものです。お礼と督促という意外と難しい判断が必要な内容はここで挙げたものを参考に。

# 督　促

怒りにまかせて乱暴な言葉をぶつけないようにしましょう。どれくらいの日数遅れているのか、遅れたことでどのような支障が出ているのかなどを具体的に伝えましょう

---

件名：「事務机A-11型」の注文について（確認）

カイテキオフィス株式会社
ご担当者様

お世話になっております。
株式会社エイ商事総務部の柳澤と申します。

さて、弊社が12月10日付で発注いたしました
「事務机A-11型」3台についてご連絡いたします。

納品予定日の12月25日を過ぎ、本日12月28日になっても
いまだに到着せず困惑いたしております。
遅延のご連絡もいただいておりませんが、
いかがされたものかと案じております。

何かとご多忙かとは存じますが、
本日中に遅延のご事情と納品のご予定日を
ご連絡くださいますようお願い申し上げます。

## 企画書は5W1Hの法則でつくろう

**① 企画書タイトル**
まずは最初に企画のタイトルをわかりやすく書きます

**② 相手先の名前**
対象者の会社名、名前を大きく記入します

**③ 自分の名前、連絡先**
企画担当者名の名前、連絡先などを記入します

**④ 導入**
挨拶文、企画書を送付した理由などについて触れます

**⑤ テーマ（What）**
ここに企画のテーマ・タイトルを入力します。

**⑥ 着想・背景（Why）**
なぜこのテーマとなったか企画の着想や背景に触れます

**⑦ 実施者（Who）**
取材実施者、対象者を明記します

**⑧ 期間（When）**
希望開始日時〜終了日時を入力します

**⑨ 実施場所（Where）**
希望場所の店舗名、住所、連絡先を明記します

**⑩ 実施方法（How）**
どのような体裁になるか、予算、手段などがあれば入力します

**⑪ 結文**
今回の企画において対象者の協力がいかに重要であるか、最後の部分で想いを記入するとさらに効果的でしょう

---

**Q** 企画書でNGがよく出てしまいます

**A** 相手の心を動かす企画書

他者に対して立案した企画を伝える企画書は、わかりやすさが基本。できればA4の1枚でまとめ、簡潔でかつ自分の想いが詰まった形になるのがベストです。

大人の文章術企画書 ❶

株式会社●●　●●●●様 ❷

株式会社　●●出版社<br>
●●●●<br>
〒158-0096　東京都世田谷区玉川台2-13-2<br>
tel:03-3708-1471　fax:03-3708-8040
 ❸

いつもお世話になっております。このたび小社から発行いたします『大人の文章術』(2013年11月30日発行)におきまして、取材のご協力を賜りたく、ご連絡をいたしました。ご多用中のところ恐れ入りますが、企画書をご高覧の上、ご協力くだされば幸いです。 ❹

【書籍タイトル】 ❺
『大人の文章術』

【企画着想・背景】
ビジネスにおける多くの重要な場面において、文章力が左右するといっても過言ではありません。しかし、その一方で多くの社会人の悩みのひとつに文章力があるといわれます。この書籍ではさまざまな場面で悩む正しい文章の書き方をビフォーアフターの実例とともに紹介します。 ❻

【取材内容】
●●●●様インタビュー&写真撮影

インタビュー質問例)　文章を書く上でのポイント。人の心に響く品格ある文章のポイントとは

撮影内容)　屋外での全身撮影、インタビュー時のバストアップ撮影

【取材スタッフ】
●●●●(ライター)、●●●●(カメラマン)、●●●●(編集)　計3名 ❼

【取材希望日程&時間】
2013年9月1日～9月20日まで　1時間30分～2時間程度 ❽

【取材予定場所】
レストラン●●●●　東京都世田谷区玉川台2-13-2　Tel:●●-●●●●-●●●● ❾

【掲載ページ数】　カラー2～4Pを予定しています。 ❿

以上になります。今回の企画におきまして、●●様のインタビュー記事は必要不可欠なものと考えております。お手数をおかけしまして、恐れいりますが、何卒ご協力を賜りますよう、よろしくお願い申し上げます。 ⓫

大人の文章術 / 第2部 実践編・ビジネス文章術

**Q** プレゼンがいつもうまくいきません

**A** プレゼンに勝つ文章術

ビジネスパーソンにとって最も重要なのがプレゼンでしょう。いつも失敗をしているのは文章のせいかも。成功しやすくなる秘訣を教えます。

## Before

### 顧客の獲得費用の比較から見えてくること

◆新規顧客を獲得するには…
- クーポンサイトへの掲載
- 駅前でのチラシ配布
- 近隣でのポスティング
- 近隣法人への営業

→広告費・人件費がかかる

◆既存顧客のリピート率を高めるには…
- メールアドレスを取得してメルマガ配信
- 次回使える割引券の配布
- ボトルキープ制度

→ちょっと手間をかければ安価に実施可能

【 既存顧客の囲い込みが費用対効果◎ 】

（グラフ：獲得にかかる費用　既存 1／新規 10）

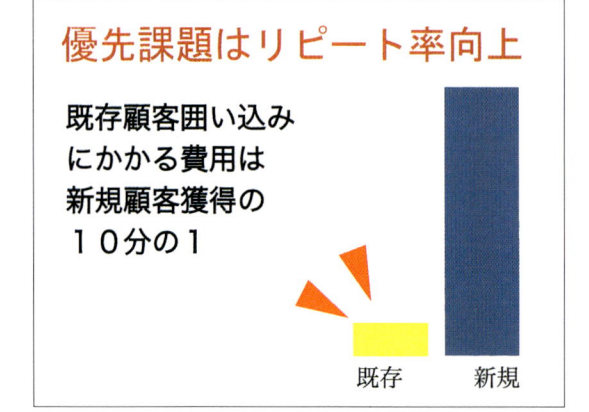

**できない人のプレゼン資料**
口頭説明ですむ内容もすべてスライドに入れたため、ごちゃごちゃしてしまいました。結論も分かりにくくなっています

## After

### 優先課題はリピート率向上

既存顧客囲い込みにかかる費用は新規顧客獲得の10分の1

（グラフ：既存／新規）

**できる人のプレゼン資料**
内容が整理されていて、タイトルと説明ですぐに主張を把握することができます。グラフも大きく見やすくなりました

# 他にもあります必勝テクニック

## ① つかみでキメる

**全員が反応する仕掛けをつくる**
冒頭に全員が頷いたり挙手したり笑ったりするネタを仕込んでおきます。「朝ごはんを食べた人〜」などささいなことでOK。目に見える反応があると、話者の緊張が和らぎます

**はじめにインパクトの大きい情報を**
パッと目をひく写真やグラフ、練りに練ったキャッチコピーなどを最初に出して、一気に参加者の関心を惹きつけましょう

---

## ② 中だるみしてきたら質問を投げかける

**ワンマンプレーはよくありません**
一方的な説明は単調になりがちです。「このグラフの特徴は何でしょう」など、後の内容を引き出す質問をしてみましょう。皆でプレゼンをつくり上げている雰囲気も生まれます

---

## ③ 使えるフレーズ

▶ **例1**
**ポイントが3つあります**
先の展開を示すことで集中力を高めます。3は「マジックナンバー」といわれています

▶ **例2**
**具体的には／実際にこんなことがありました**
配布資料には載せていない、生々しい話で参加者を惹きつけましょう

▶ **例3**
**御社（あなた）の場合は**
一般論は流してしまいがち。「あなたに関係のある話ですよ！」という合図を出して

▶ **例4**
**……**
プレゼン中じっと黙るのは勇気がいりますが、間を置いた後の言葉は印象に残ります

# Q 自己PR文が苦手です
# A 相手に伝わる自己PR文の書き方

入社試験など、自分を表わすときに重要なものが自己PR文。自分がいままでどんなことをしてきたのか、そしてこれから、なにをしたいのか簡潔にまとめます。

## Before

どこか間の抜けた印象です。ダラダラといままでやってきたことを書いただけでは、相手への伝わり方も半減してしまいますし、文面からあなたの**性格**まで疑われてしまいます。

---

百貨店に勤務し、総合案内所のコンシェルジュをしていました。

百貨店の総合案内所というと、

ニコニコして座って待っているだけだと思われるかもしれません。

私も最初はそう思っていました。

しかし、お店の第一印象を決める大事な場所です。

特に初めて訪れた方や目的のフロアが分からない方は

不安を抱えていらっしゃいます。

コンシェルジュがしっかりと対応してこそ、

お客様にご安心いただけるのです。

質問されるのはだいたい似たような内容が多いので、

その原因である店内表示の改善提案を出したこともあります。

採用されて、「社内改革賞」を受賞しました。

御社でもこの経験を生かし、

積極的に仕事に臨みたい所存です。

**After**

なるべくカタカナ表現は避けましょう。仕事での意識、それに率先して行ってきたこと、受賞歴などを明確に書きます。そしていままでの経験を活かしていくことでまとめます。

---

百貨店で、総合案内所のお客様対応係をしてきました。

仕事にあたり、大切にしてきたのは、

視野を広く持ち、百貨店全体の発展に貢献することです。

たとえば、案内所に寄せられた質問をすべて書きとめ、

独自に統計をまとめました。

問い合わせの集中している点については、

店内を観察して質問原因を分析し、

案内表示や商品陳列に関して、

上層部に改善提案を出しました。

そのうちのいくつかが実現にいたり、

「社内改革賞」を受賞いたしました。

この問題分析、改善提案、実現のサイクルで学んだことを、

御社が現在推進されている社内改革プロジェクトにおいて、

ぜひ活かしていきたいと考えております。

## Q なかなか教えてもらえない謝罪文の書き方とは？

## A 謝罪の程度と宛先で変わります

人に聞きにくい謝罪文の書き方。提出先と、謝罪の程度により、書式も変わってきます。いざという時の対応で評価が好転することもあるかもしれません。

## 謝罪文の種類

| | | |
|---|---|---|
| 社外 | **お詫び状** | トラブルがあった際に広く使われます。不良品や誤記、宴席での失態までカバーします。起きたことを包み隠さず、そして素早く提出することで、問題が発展することを防ぎます |
| 社外 | **経緯報告書** | 問題が発生した際に、トラブルの有無に関係なく提出する書類。何が起こったのか、その内容を明確に報告することで、なにが問題になっているのかを共有することが目的です |
| 社内（提出先） | **始末書** | 業務などで過失や規約違反などを犯した場合に、事実関係を明らかにし、再発防止を誓って謝罪する文書。全面的に深く反省している態度を表明するものです |
| 社内（提出先） | **顛末書** | トラブルがあった際に、事実関係や経緯を報告するための書類。経緯報告書とほぼ同じ。始末書を提出するほどではないけれど、問題があった際に提出を求められることがあります |
| 社内（提出先） | **反省文** | 学校でトラブルを起こした生徒が書く場合などに使われ、ビジネスの場ではこのいい方はほぼされません。内容としては始末書とほぼ同様なので、始末書の参考にできるでしょう |
| 社内（提出先） | **進退伺** | 重大な過失や、故意による損害により会社に不利益をもたらした場合などに提出する文書。処遇を一任する意味をもつため、辞表とともに提出する場合が多いです |

　お詫び状や始末書など、不始末を起こした際の文書には、決まった書式が定められていない会社が多いです。書式として定めてしまうと、起こってはならないことが想定されてしまうから、というのが言い分のようです。ですが、こういった文書が必要になるときは突然やってくるもの。そうした時に慌てないように、どのようにかけばよいのかを知っておきましょう。素早く、正確な対応をすることで、事態の悪化を防ぐことができます。

# お詫び状

誰に対して、何を詫びているのか、簡潔に包み隠さず書きます。内容を軽く伝えたりすると、その偽りが発覚した際に相手の怒りは倍増します。善後策を丁重に提案することで、穏便に収めることが望まれます

---

平成25年11月30日

株式会社椛商事　御中

椛制作株式会社
〒100-0000　東京都世田谷区玉川台2-13-2
電話.03-XXXX-XXXX
経理部　椛 花子

謹啓

平素より格別のご厚情を賜り誠に有難く厚く御礼申し上げます。

この度の請求金額相違の件につきまして、貴社に大変ご迷惑をお掛け致しましたこと、心より深くお詫び申し上げます。当方で原因を調査しましたところ、金額を計算する際に、誤った商品単価を入力してしまっていたため、金額の相違が発生してしまいました。

今後、このような人的ミスの発生を予防するため、管理体制を徹底し、複数人による相互チェックを行っていき、より管理を完全なものにするよう万全を期する所存でございます。

同封の書類は、訂正分の請求書でございます。お手数ではございますが、お手元の請求書は破棄していただくようお願い申し上げます。
略儀ではございますが、取り急ぎ書面にてお詫び申し上げます。
今後も変わらぬお引き立てを賜りますよう、重ねてお願い申し上げます。

謹白

---

❶ 件名は簡潔に「お詫び」とするか、あえて書かずに本文に入る方法も。「○○の件について」などとすると詫びていることが伝わりづらい

❷ 問題となった事実に加え、善後策も記すことが望ましい。また、今後どのように関係を続けていきたいのか書くことも重要となる

# 経緯報告書

どのような問題がなぜ起こったのか、簡潔に先方に報告するための文書です。原因究明を行ったうえで、再発防止をはかることが目的です。謝罪の場合はお詫び状に経緯報告書の内容をあわせて記載することもあります

---

平成25年11月30日

株式会社椣商事　御中

## 経　緯　報　告　書

拝啓　時下ますますご清祥のこととお慶び申し上げます。
平素より格別のご厚情を賜り誠に有難く厚く御礼申し上げます。
この度の事故につきましては、貴社に大変ご迷惑をお掛け致しましたこと心より深くお詫び申し上げます。以下に原因、対策についてご報告申し上げますので、よろしくご査証のほど、お願い申し上げます。
今後、このような事故が二度と起きないよう、管理体制を徹底し、品質管理を完全なものにするよう万全を期する所存でございますので、今後も変わらぬお引き立てを賜りますよう重ねてお願い申し上げます。

敬具

記

【品　名】椣商事　特製トートバッグ　1000枚　（2013/11/30納品分）

【内　容】持ち手部分の糸の色違い

【原　因】縫製機器のチェックを怠り、違う色の糸を使用したまま製作に進んでしまったこと。また、仕様書との相互チェックをした際、チェックが漏れていたこと。並びに、納品前の最終チェック体制の不備。

【対　策】
1、機器のチェックを隅々まで行える時間的猶予を持った進行管理
2、仕様書の内容確認の徹底
3、納品段階での最終確認の徹底

以上、謹んでご報告させていただきます。

椣制作株式会社
制作事業部

---

❷ 箇条書きにすることで、見やすく、何が起きたのかひと目でわかります。また、再発防止への取り組みも伝わります

❶ 社外に向けた文書なので、頭語や慶賀の挨拶を記したうえで、簡潔に書きます。誠意を示すとともに、取引続行の意思を表すことも重要

# 顛 末 書

顛末とは、顛（＝はじまり）から末（＝終わり）までの意味。事実関係を客観的に記します。ある程度事態が収束してから提出するのが原則ですが、継続調査が必要な場合はいったん別の形での報告が必要でしょう

---

平成25年11月30日

代表取締役社長　柚 一郎 殿　❶

第一営業部営業一長　柚 太郎

## 顛 末 書

平成25年11月25日に発生いたしました、当社駐車場内における物損事故の経緯につきまして、調査結果を下記のとおりご報告いたします。

### 記

【事故発生日時】　平成25年11月25日　18時頃

【事故発生場所】　当社第一駐車場　5番車庫において

【事故内容】　営業1号車の壁面への接触による、後ろバンパーの破損

【当事者】　運転者　第一営業部営業一課　柚 次郎　❷

【事故原因】
後方への不注意による、運転時の過失。日暮れ時で薄暗くなっていたにも関わらず、ライトを点灯せずに入庫しようとしたこと。

【現状の対応】
総務部総務課山田花子への報告、並びに修理の依頼

【今後の対策】
安全運転、安全確認の徹底を再度行い、車庫への入庫に際し、可能な限り安全確認者とともに二人で行うよう義務付けること。

5番車庫は他車庫に比べて狭小なため、入庫が難しい状況なため、高度な運転技術が求められます。安全確認を励行するとともに、ミラーの配置等、入庫しやすいような配慮をしていただけると幸いです。　❸

以上

---

❶ トラブルの内容により、提出先が代表なのか、担当部署の責任者なのか、直属の上司なのか変わります

❷ 本文は簡潔に抑え、事故やトラブルの内容は箇条書きにすることで見やすくなります。できるだけ具体的に書きましょう

❸ 所属長などが書く場合、必要に応じて所見を書くことも。トラブルの当事者が書くと、反省していないと判断されかねません

# 始末書

▼

顛末書に対し、不始末を詫びる反省文としての要素が強いのが始末書。責任の所在をはっきりさせ、反省の意思が十分に伝わるようにし、今後の注意を誓うようにしましょう。社内処分を伴うこともある文書です。

---

平成25年11月30日

代表取締役社長　椎　一郎　御中

## 始末書

このたびは、営業車の件で大変なご迷惑をおかけし、誠に申し訳ございませんでした。

平成25年11月28日18時頃、取引先の椎商事から戻り、当社の駐車場に入庫する際、私の不注意で営業1号車の右後方を車庫壁面に擦り、後ろバンパーを損傷してしまいました。損傷部分の修理については、現在総務部を通じて処理をお願いしておりますが、今後はこうした事故を再びおこすことがないよう、普段から安全運転および周辺の安全確認をおこたらぬようにいたします。二度とこのようなことのないよう誓約するあかしとして本書を提出いたします。

ご迷惑をおかけし、まことに申し訳ございませんでした。

　　　　　　　　　　　　　第一営業部　営業一課
　　　　　　　　　　　　　　　　　　　椎　次郎

---

**❶** 反省の気持ちを伝えることが主目的なので、事故やトラブルについての報告は簡潔なものにとどめ、再発防止を誓います

---

## 反省文との違いは?

一般的に社会人になってからトラブルが会った際、求められるのは始末書や顛末書。それよりも軽いニュアンスでビジネスの場でも使われることがある反省文ですが、始末書とほぼ同じと考えてよいので、上の書式を参考にしましょう。ただ、教育現場での反省文の場合は原稿用紙5枚以上、10枚以上といった枚数を求められることもあります。そのような場合でも「事実関係」、「反省の意思」、「再発防止策」と内容ごとに段落をわけて、内容を事細かく書きましょう。

# 進退伺

会社に損害を与える重大なトラブルが起こった場合、職を辞して責任をとることを明示する文書です。よほどのことがない限り書くことのない文書ですが、これも会社の慣例に従って書くことが求められます。

---

平成25年11月30日

代表取締役社長 椎 一郎 殿

東京西支店長 椎 太郎

## 進 退 伺

平成25年11月1日に発覚いたしました、当支店営業部長鈴木一郎の売上金横領事件は、ひとえに私の監督不行き届によるものでございます。 ❶

顧客との信頼関係の構築を目指し、営業活動に励んできた当社にあるまじき不祥事をおこし、会社に多大な損害を与えたのみならず、報道等により当社の社会的信用を著しく損なうとともに、日ごろご愛顧いただいているお客様へもたいへんなご迷惑をおかけしてしまいました。

誠に申し訳なく、心より深くお詫びいたします。この度の不始末は、すべて私の指導、管理の不徹底によるものであり、管理責任者として職を辞して責任を負いたく存じます。

いかなるご処分にも謹んで服する覚悟ですので、なにぶんのご決裁を賜りたく、お願い申し上げます。 ❷

---

❶ 比較的上位の管理者が部下の不始末の責任を追って提出する場合が多い。責任の所在を明確にすることが重要

❷ 進退を含めた処分を受ける覚悟があることを伝え、判断を委ねる内容にする。辞表を添えて提出することが通例

## Q ▼ 手紙を書くのが苦手なんです

## A ▼ 手紙の基本を覚えましょう

# 手紙の基本構成を理解しましょう

### ❶ 頭語

会話でいう「こんにちは」にあたるものが頭語です。親しい間柄なら、省略しても構いません

**主な頭語と結語の組み合わせ**

| 手紙の種類 | 頭語 | 結語 |
|---|---|---|
| 一般の手紙 | 拝啓 | 敬具 |
| 改まった手紙 | 謹啓 | 謹言 |
| 前略を省略する手紙 | 前略 | 草々 |

女性のみ「かしこ」

### ❷ 時候

それぞれの時季に応じた定型文もあるが、自分なりに書いてみても構いません。あなたの五感でとらえた季節感を書いてみましょう。そもそも、時候の挨拶は、「こんにちは」の後の「今日はいい天気ですね〜」にあたるもの。難しく考えすぎる必要はありません

### ❸ 近況

まず、「お変わりありませんか」などの相手を気遣う言葉を書き、その後で、自分の近況を簡単に報告します。仕事での手紙や目上の人への手紙の場合、質問形式をとらず「お変わりなくお過ごしのことと存じます」と書くのが一般的です

### ❹ 本文開始

「さて」「このたび」「さっそくですが」などの書き出しで本文に入ります

### ❺ 今後への挨拶

「末永くお力添えを賜りますようお願い申し上げます」、「近いうちにお目にかかれることを楽しみにしております」など、今後も関係を続けていきたいという気持ちを表現しましょう。寒暑の厳しい季節などには「時節柄ご自愛のほどお祈り申し上げます」など、相手の健康を願う言葉を添えたいものです

### ❻ 手紙を締めくくる言葉

感謝や謝罪を伝える場合、本来もっとも誠実なのは直接訪問することです。それを手紙で済ませているということを簡単に謝罪して、手紙の締めくくりとします

### ❼ 結語

会話でいう「さようなら」にあたるもの。親しい間柄なら、省略しても構いません。

### ❽ 宛名

書く順番を間違えないようにしましょう。宛名の高さは日付より高くなるようにします

---

なにかとメールで済ませてしまうことが多いですが、やはりここぞというときこそ、手紙を添えれば効果は絶大です。基本をおさえて、早速書いてみてください。

## Before

こんにちは！いつもお世話になっております。株式会社柶商事の吉田裕子です。先日は我が社の吉祥寺店OPENに際して、とても立派なお花をいただきまして、本当にありがとうございました！OPENから早１ヶ月となりましたが、吉祥寺店にはたくさんのお客様にお越しいただいております。和牛ステーキがオススメなので、ぜひ○○さんもいらしてくださいね♡寒くなってきましたので、お身体にはお気をつけて。今後ともヨロシクお願いします。

13.11.20　吉田　裕子

○○様

P.S. また飲みにも行きましょう♪

がんばって書いているのは認めますが、くだけすぎている印象です。親しい間柄なら許される内容も、出店のお礼の手紙としては、手紙の基本に沿った形式で書いていくのがいいでしょう

## After

❶拝啓　❷鮮やかな紅葉の候となり、○○様におかれましてはますますご活躍のことと拝察いたします。
❹さて、このたびは弊社の吉祥寺店開店にあたり、お心尽くしのお祝いを頂戴したこと、心よりお礼申し上げます。こうして無事に開店の佳き日を迎えることができましたのも、○○様をはじめ皆様方のご❺指導ご鞭撻の賜物であると感謝しております。
❻多くのお客様に愛される店になるよう、お願い申し上げます。どうか今後とも温かく見守ってくださいますよう、お願い申し上げます。
❻略儀ながら、まずは書面にてお礼申し上げます。冷え込む折、くれぐれもご自愛ください。

❼敬具

❽十一月二十日

株式会社柶商事　吉田　裕子

❽○○　△△　様

頭語からはじまり、時候の挨拶、そして近況へとつながり、最後は結語の流れにするのが一般的な形式です。相手への感謝を述べ、誠実さを表わすことで、相手は好感をもつことでしょう

# Question 03

デキる大人の第一歩です

## 間違いやすい敬語編

次の各文章を正しい敬語表現に直しましょう

① わかりました

② お客様の申されました通りです

③ とんでもございません

④ 時間をつくってもらってどうもすいません

5. お客様のご意見は上長に申し上げます
6. その件は私たちではお受けできません
7. 部長、商談がんばってください
8. 決まり次第こっちからご連絡します
9. 分からない点はございますか
10. 息子が逝去しました

# Answer 03

## ❶ かしこまりました、承知しました

目上の人に対しては、謙譲語を用いて返事をしたいものです。「了解しました」と書く人もいますが「了解」は、上長から部下に対して使うのが一般的な言葉です。

## ❷ お客様のおっしゃった通りです

「〜れました」と付けたことで敬意を表したつもりかもしれませんが、そもそも「申す」が謙譲語なので誤用。「いう」の尊敬語は「おっしゃる」です。

## ❸ とんでもないことでございます

話し言葉では定着しつつありますが、書き言葉では避けたい表現です。「とんでもない」の「ない」は「せつない」「はかない」などと同様、切り離せないものなのです。

## ❹ お時間をつくっていただき、誠にありがとうございます

「〜してもらう」では敬意を表せていません。また「どうも」、「すいません」はくだけた話し言葉。仮に「すみません」とかえても、感謝の意を表すには不十分でしょう。

## ❺ いただいたご意見は上長に申し伝えます

「申し上げます」というと、お客様の前で、上長に対する敬意を表現していることになります。「申し伝える」は丁重語(謙譲語Ⅱ)といわれる言葉で、聞き手への敬意を表せます。

## ⑥ その件は私どもではご期待に沿いかねます

できない場合でも、強く拒否するような印象を与えるのは避けたいところです。また、ビジネスの応対では「私たち」というより「私ども」という方が望ましいでしょう。

## ⑦ 部長、商談のご成功をお祈りしております

「がんばって」は、目下から目上にいうと失礼な言葉。これでは、部長のやる気や能力に口を出すような無遠慮さがあります。目標である商談の成功に照準を合わせましょう。

## ⑧ 決まり次第こちらからご連絡いたします

「こっち」はあまりにくだけた表現です。「どなたか（×誰か）」「2名様（×2人）」「少々（×ちょっと）」など、こまかい点でつい話し言葉を使ってしまうことがあるものです。

## ⑨ ご不明な点はございませんか

「分からない点は」とすると、相手の理解力が足りないと責めているように聞こえかねません。また「ございますか」も「ございませんか」とした方がやわらかい響きです。

## ⑩ 息子が他界しました

「逝去」は亡くなった人を敬う語感を持つ表現です。身内の死を世間に伝えるときには適しません。「他界」「永眠」などを使うのが無難でしょう。

# Column 04

## よく観察することの極意
## コピーライターから学ぶ文章術

「マーケティングという刃を持ち、詩人の魂を持って、コピーライターは言葉をつくり上げる。だからこんなに胸に響く」

作家の林真理子さんの言葉です。彼女自身も作家としてデビューする前はコピーライターをしていました。

林さんしかり、糸井重里さんしかり、コピーライターが一種の「言葉の魔術師」のようにもてはやされた時代がありました。彼らは天性のセンスでいともかんたんにコピーを書き、そのコピーさえあれば、商品はたちまち大ヒットする。そう信じられていた時代がありました。しかし、さらっと書いたように見えるコピーも、実際には何十、何百の試行錯誤の上にできあがっていたものに違いありません。

コピーは何もないところからひらめくものではなく、表現する対象をよく観察するところから生まれてきます。ていねいに取材をおこない、その商品やサービスについて、さまざまな角度から検討する。そのプロセスで発見した感動を、最も伝わる形で表現することが彼らの仕事なのです。

一時期、芸人の有吉弘行が、人にあだ名をつけていました。あれはコピーライティングに少し似ています。品川祐の「おしゃべりクソ野郎」も、大沢あかねの「ブス界一の美女」も、よく観察していたからこそ生まれた一言だったのではないでしょうか。

岩崎俊一さんは「コピーは作るものではなく見つけるもの」といいます。彼の作品・エッセイを集めた『幸福を見つめるコピー』（東急エージェンシー）は珠玉の一冊です。

## 心を動かす名作コピー

牛一頭食べたとしても、999円。(フードマン、占部邦枝)
焼肉食べ放題の広告コピーです。おもしろさでおトク感を印象付けています。制限時間もありますので、実際に「牛一頭」分食べる人はいないでしょうが……。

こういう企業が、成功するか、失敗するかで、日本の将来は決まる、と思う。(AIRDO、佐々木宏)
飛行機の場合、安さは不安につながりかねません。格安航空の先駆けAIRDOが就航に際し、安さの理由(機内サービスなし)を説明する広告を出しました。そのコピーです。

日常でたまった疲れは、日常でとれないと思う。(楽天トラベル、玉山貴康)
このあと「さ、非日常へGO! 旅は人をリフレッシュさせます」と続きます。思わず温泉旅行にでも出かけたくなります。

ぼくと一緒に歳をとる服。(オンワード樫山、糸井重里)
流行に左右されない、トラディショナルで良質な服をもつ幸せ。このコピーを読んで店を訪れた人は、ものを買うというより、物語を買うような豊かな気持ちを味わえるでしょう。

紙クズはもう一泊します。(帝国ホテル、川辺京)
大事なメモを間違えて捨ててしまったお客様がいるかもしれないので、部屋の紙クズはもう1晩保管しておくそうです。帝国ホテルのサービスの質を上品に印象付けるコピーです。

## Q ブログ、フェイスブックで惹きのある書き方を身につけたい

## A 目を留まらせるSNSの書き方

さまざまな情報が飛び交うネットの世界。その中でインパクトを与えるにはどうしたらいいのでしょう。**無尽蔵に拡散する世界だからこそ注意も必要です。**

### Before

○○さんの送別会でした。
もう新卒のころから
めちゃくちゃお世話になった先輩で、
今の僕があるのは○○さんのおかげといっても、
過言ではありません!!!!
最後と思うとさびしくて飲みすぎちゃって、
帰り道は大変でした（笑）
○○さんは、全く業種にチャレンジされるそうで。
ご活躍をお祈りしていまーす！

> **ヒント**
> 飲みすぎて大変だった話は、全体の筋に関係がないので、特に必要ありません。その字数を使って先輩とのエピソードをふりかえり、感謝の気持ちがしっかり伝わるようにしましょう。また、インターネットのマナーや言葉使いの点でも修正した方がよい箇所があります

ブログやフェイスブックに載せる文章はあなたの分身。世間の目にふれることを意識して投稿するようにしましょう。

ブログやフェイスブックで公開の日記を書くという行動には、さまざまな副産物があります。たとえば、他人の目にふれるので、意識的にポジティブなことを書こうとします。そうやって書いているうちに、自分自身の思い出や現状認識が本当にポジティブなものになることがあるのです。他には、日記に書くネタを

094

**After**

会社の先輩の送別会でした。
新卒のころからお世話になった方で、
電話の受け方から企画のマネジメントまで、
あらゆることを教えていただきました。
アイデアが出なくて悩んでいたとき、
「無理だと思ったところから30分粘りなさい」
といってくださったこと、今も肝に銘じています。
今の僕があるのは先輩のおかげです。
新天地でもご活躍をお祈りしています！

**解説**

さまざまな人の目にふれるものなので、先輩の名前や転職先に言及するのは控えました。載せたい場合には本人の許可をとるべきでしょう。「めちゃくちゃ」「!!!!」などの強調表現は幼稚に見えます。また「めちゃくちゃお世話になった」では、何も伝えていないのに等しいので、差し支えのない範囲で**具体的なエピソード**を書くとよいですね。せっかくブログやFacebookに投稿するなら「記事を読んでくれた人にとってプラスになる情報」を1つでも入れておきましょう。

集めるために、アクティブな生活を送るようになったという人もいます。おいしいお店を積極的に開拓したり、本を読むようになったりしたいという人もいます。

中には、交流やアクセス数アップのために、一定のペースで更新し続けることを目標としている人もいるでしょう。その場合、投稿内容に一定の仕組みを考えると、途切れずに続きやすくなります。たとえば、「本を読んだら、①あらすじ②感想③印象に残ったセリフの順で記事を書く」というように内容のパターンを決めたり、「書くような出来事がなかった日は、趣味でつくっているアクセサリーを紹介する」というように投稿ルールを決めたりするのです。

## Q ツイッターはどこまでつぶやいていいの?

## A やってはいけないツイッターの法則

手軽に簡単にできるツイッターの世界。だからこそ、注意しなくてはならないことも数多くあります。プライバシーに関するつぶやきは特に注意しましょう。

### こんなtweetは絶対NG

✕：訪問アポ終了！ 会社戻らなきゃだけど、せっかく渋谷来たし、2時間くらいまったりしてから戻ろ。

✕：うちの会社、新卒のとき同期100人いたのに、1年でもう半分辞めたらしいww　さすがブラックwwww

✕：コメンテーターの●●、アタマ悪いくせに態度偉そうでうぜー。死ねばイイのに。

気軽に投稿できるだけに本音が出やすいのがtwitter。しかし、仕事をサボっていることを示す記述など、品格を下げるような発信は控えたいものです。企業の内部情報を暴露したり、他人の誹謗中傷を書いたりするのも、もちろんNG。法的な問題にも発展しかねません

2013年の夏は、ツイッターの炎上事件のニュースを聞かない日はありませんでした。アルバイトによる悪ふざけの写真投稿は「バイトテロ」などと呼ばれていました。

さかのぼること十数年前、インターネットは、現実と切り離された人間関係が構築される場所でした。匿名の他人同士が集う場所だからこそ、ネチケット（ネットでのエチケット）が盛んにいわれました。

しかし近年、実名SNSの

## こんなtweetも避けた方が……

① ✕：明日、地震来そうってホント!!??

② ✕：今回の参院選で△△に入れた人って本当おかしいと思う。

③ ✕：私なんて別にいてもいなくてもいいんだろうな。。。

①デマ（かもしれない情報）の拡散には加わらないようにしましょう。リツイートも同様です
②政治・宗教については、友人同士でも価値観が大きく異なる場合があります。そういう主張を発信するためにつくったアカウントでない場合は、書かない方が無難です
③あまりにネガティブな気持ちを吐露するのは避けたいところ。思春期の若者ならともかく、大人が書くと、気持ちのコントロールができない未熟な人だと思われます

台頭で、インターネットは身のまわりの友人・知人との人間関係を濃いものにする道具となりつつあります。デジタルネイティブといわれる若い世代にとっては、ツイッターも気心知れた友人関係を展開する場所です。だから、特に問題とも思わず、フザけた写真を投稿してしまうのです。

私たち大人は、彼らを反面教師としながら、ツイッターと上手に関わりたいものです。

ツイッターが他のSNSと異なるのは、人ベースでなく、つぶやきベースで情報が飛び交うことです。一般人でも、ツイート内容が面白ければどんどん拡散していきます。

逆に、たった1つのつぶやきで、あなたという人間を見限ってしまう人もいます。NG事項に気をつけながら、楽しく利用したいですね。

## Q ズバッと心に響く文章を伝えたい

## A 短文で最大限の効果を発揮する方法

短文のなかで読みやすく伝わる文章を書くにはどうしたらいいでしょう。さまざまなパターンがありますが、**お客様の声を編集する形で文章にしてみました。**

### Before

**1つの「お客様の声」にまとめましょう。**

（利用前）とりあえず塾には行かせないとマズいと思い、家から近い塾に通わせていた。行っている間だけでも勉強してくれれば、と思っていた。
（利用後）N塾の先生は、1週間の学習スケジュールを子どもと一緒に考えてくれて、授業がない日も自習室を使うように呼びかけてくれた。定期テストで平均点をぎりぎり超えるくらいだった息子が、学年3位になって本当に驚いた。

> **ヒント**
> そのままつなげることもできますが、少し順序を入れかえることで読みやすい記事になります。「塾の時間以外に勉強している姿を見たことがない」という悩みをお持ちのお母様方は多いはず。授業時間以外にも勉強をさせることで結果を出す塾という軸でまとめていきましょう。

広告やパンフレットの効果を高めたいと思ったら、「一つの軸をもった密度の濃い文章」ということを意識しましょう。

たとえば、お客様の声。「せっかくお客様からいただいたご感想なのだから、そのまま載せなくては！」といわんばかりに、お客様が書いたそのままを掲載している広告があります。残念ながら、そのままでは文章の密度が低く、長い割には内容の薄いものがほとんどです。また、あれやこれやに言及して、拡散してし

**After**

前は近所の塾に通わせていましたが、塾の時間以外に勉強している姿を見たことはありませんでした。定期テストはいつも平均点すれすれ。春からN塾に移ったところ、授業以外にもいろいろと面倒をみてくださるので驚きました。先生が子どもと一緒に1週間の学習スケジュールを考えてくださり、授業がない日も自習室を使うよう呼びかけてくださいました。おかげさまで、この前のテストは学年3位。これからもよろしくお願いします。

**解説**

順序を入れかえるなどし、読みやすくまとめました。「お客様の声」はあくまで「お客様の声」。リアリティこそが1番の魅力なので、あまり編集しすぎない方がよいでしょう。特に、塾の指導システムの名称など、企業側がPRしたい文言を無理にはさみこむと、嘘くさくなります
今回、指導効果が伝わりやすい文章ができあがったのは、利用前の声を集めていたおかげです。こまめに声を集める機会を設けましょう。もちろん、広告などに掲載するときは、ご本人の許可をとることを忘れずに

まっている場合もあります。そのお客様の声を読んで、「これだ！」と思う1点を軸にし、編集を加えることで、その声が輝きを増します。3つも4つもポイントをつめこもうとしないこと。一つの文章には一つの軸。たくさん伝えたいことがある場合は、文章と文章を組み合わせて役割分担をおこないます。

たとえば、塾のパンフレットを例にしていうと、

・**創業者の声**（指導理念や教育にかける情熱）→納得感
・**担当紹介**（講師の指導キャリア）→信頼感
・**お客様の声**→親近感
・**教室環境の紹介**（きれいな校舎）→清潔感

というように、お客様に届ける印象を分担するのです。

**Q** お店の紹介文がうまくいかない

**A** お店の特徴をはっきりさせよう

さまざまな場面で目にする飲食店の口コミサイトやブログなどでの紹介文。人を惹きつけるポイントはお店の特徴をはっきりさせることでした。

### Before

リーズナブルな焼鳥屋です。鳥はもちろん、豚や野菜の串焼きも充実していました。あまり他で見ないようなメニューもありました。いくら丼もおいしかったですね。

吉祥寺駅南口からすぐ。雨でも傘をささずに行ける距離です。お酒も安く、楽しく飲める感じの雰囲気なので、気の置けない友人との飲み会によさそう。早い時間帯であれば、家族連れでも使えそうかな。清潔感のあるお店です。

#### ヒント

順番が整理されておらず、特に、グルメレビューの最重要情報の1つ、「立地」が後回しになっているのはいただけません。また「リーズナブルな焼鳥屋」は世の中に数えきれないほどあります。もっと具体的なことを書いて「このお店ならでは」の特徴を伝えたいところです。

インターネット上の飲食店の口コミは、今や大きな影響力を誇っています。

お店の紹介文を書くときは、お店を探している人にとって**有用な情報を書く**という姿勢を大切にしましょう。お店のホームページからはわからない、実際のお客さんにしか書けないような紹介文を書きたいものです。

グルメレビューの基本構成は、新聞記事と同じ。立地・業態・価格帯など、お店選びに不可欠な情報から書いていきます。

**After**

吉祥寺駅南口の安くておいしい焼鳥屋。鳥はもちろん、豚や野菜などの串焼きも充実しています。ひと工夫あるメニューが多く、もちベーコン巻き・絶品生ラムなど、あまり他のお店では見かけない串が♪　北海道から空輸しているといういくら丼も美味しかったです。お酒も安く、メガジョッキ（中ジョッキの3倍）の角ハイが450円！　店員さんも気さくで、楽しく飲める雰囲気です。少し店内が狭いので、仲間うちの飲み会によさそう。

解説

具体的なメニュー名や値段を示すことで「串焼きがバラエティに富んでいる」・「安い」という**お店の特徴**をはっきりさせました。
文字で美味しさを伝えるコツのひとつは、**背景にあるストーリーを語ること**。今回でいうと「北海道から空輸しているといういくら丼」の部分です。「北海道」といえば海の幸が豊富なイメージですし「空輸」なら鮮度に期待ができそうです。読んだ人に「食べてみたい！」と思わせる仕掛けをほどこしましょう。

ただし、知る人ぞ知る隠れ家風レストラン、小汚い外見なのに美味しいお店、有名チェーン店の隠れた絶品メニューなどを紹介する場合には、起承転結で書くのも効果的です。たとえば、

**起**　最寄りは○○駅。完全に住宅街。こんなところにレストランがあるの？

**承**　着いた店も普通の一軒家でてきたのは本格的なフレンチフルコース。地下にはワインセラー

**転**　1人ひとりのお客様をていねいにもてなしたいという店主の心意気に感動するといった感じです。

**結**

型を理解したら、あとはたくさん書いて慣れることです。ブログやレビューサイトにどんどん投稿してみましょう。

# Q. 婚活がいつもうまくいきません
# A. ときめくプロフィールの書き方

相手のときめくようなプロフィール文は婚活には必須の能力です。ではどうやって書けばいいのか。ここではそのサンプルを基に解説していきましょう。

**Before**

35歳のサラリーマンです。
休みはカレンダー通りですが、平日はかなり遅くなることもあります。
大学時代は登山部に属していて、今も月に2回くらい、山登りに出かけたりします。
一緒にいて楽しい女性と出会いたいです。
不器用な性格ですが、好きになったらその人一筋の一途なタイプです。どうぞよろしくお願いいたします。

> **ヒント**
>
> 婚活用のプロフィール。女性の知りたがっていることが伝わるプロフィールに仕上げたいものです。多くの男性のプロフィールを見るので、漠然とした記述では目に留まりません。「一緒にいて楽しい」なんてありきたりすぎます。お付き合いや結婚生活がありありと想像できるように具体化を。

SNSのプロフィール欄、どう書いていますか？ プロフィールの書き方、1つ目の鉄則は、**相手の知りたがっていることを書くこと**です。あなたは自分のプロフィールをどんな人に読んでほしいと思っていますか？ その相手が知りたいと思うことを想像してみましょう。たとえば、プライベート名刺を作って配る人が増えてきました。社外の人脈を広げ、独立・副

何を書いていいかわからず、ほぼ白紙という人も多いのでは？

102

### After

都内の大手メーカー関連企業に勤める35歳です。年の近い女性（30〜36歳）と知り合いたいです。仕事では残業する日もありますが、休みはカレンダー通り。大学の登山部に所属していたので、今も月2回、山梨や長野の山に登っています。一緒に登ってくれるようなアクティブな人と、楽しい結婚生活を送りたいです。性格は少し不器用ですが、周囲には「頼りになる」、「情に厚い」といわれています。まずはメールからお願いします。

**解説**

婚活で気になるのは、まず「信用できそうな人か」、「自分を選ぶ可能性がありそうか」といったことでしょう。冒頭でその疑問に答え、残りは結婚生活をイメージさせるような具体的記述にあてています。他人からの評価をはさむことで、内容に説得力をもたせました
「残業はあるけど、週末はきちんと休める」というように、**ネガティブな情報→ポジティブな情報**という順序で書くと、悪い印象を与えません むしろ、いいことづくめで書くより、信用度が高くなります

業につなげたいと考えている人も多いようです。もしその意図で名刺を配っているのであれば、名刺に載せるべき情報は、「血液型：O型」ではありません。あなたに仕事を依頼するキッカケとなるような実績、スキルの情報です。

2つ目の鉄則は、**できるだけ具体的に書くこと**です。たとえば、婚活のプロフィール欄。「やさしい性格です」と書いたところで、それが何か意味ある情報になるでしょうか。

3つ目の鉄則は（書ける範囲で）**経歴を書くこと**です。大人になれば、生きてきた軌跡こそが、その人の性格や価値観を最も伝えます。

「誰とどのようにつながりたいか」という基本目的を確認しつつ、上記3点を踏まえて推敲してみてくださいね。

**Q** なにを書けばいいのかがわからない

**A** 書く前に何が必要かをまとめておく

いざ、書くとなると身構えてしまってなにを書けばいいのかわからなくなるときがあります。けれど、書くということは書く前の準備段階でほぼ決まるのです。

いきなり名文は生まれません。料理に下ごしらえが必要であるように、**文章にも下準備が必要**です。まとまった長さの文章を書くときには、事前にメモをつくるのが便利です。

たとえば、**アイデアメモ**。テーマに関係することを自由に書き出してみるのです。最初は数重視。どんなくだらないアイデアも否定せず、連想したことをどんどん書き足していきます。一人ブレインストーミングです。

そうして頭の中にあるもの

## ①アイデアメモの例

テーマ：日ごろ読書をしない人に読書をすすめる

- ○：読書はつまらないという先入観があるのでは？
- ×：読書はコストパフォーマンスのいい娯楽
- ○：小説だけが読書ではない
- △：仕事や趣味に関係した本を読む
- ◎：書店のポップを読んでみる　偶然の出会い
- ×：まずはベストセラーを読んでみる
- ×：気に入った作者のものを制覇する
- ×：読書メモを残すと達成感

1. テーマに関して思いついたことをどんどん書き出します
2. ひと通り出そろったら、使えそうかどうかを評価します

## ②構想メモの例

アイデアメモで吟味したアイデアをもとに大まかな構成を検討します

**序論**：読書は文豪の小説ばかりでない。もっと自由
**本論**：偶然の出会いが世界を広げてくれることが楽しい
**例**：　私の体験（書店のPOP）
**結論**：読書を難しく考えず、気軽に読書を楽しんでほしい

## ③完成した文章

読書というと、夏目漱石の『こころ』や太宰治の『人間失格』などが思い浮かぶ人もいることでしょう。しかし、文豪の傑作を読むことだけが読書ではありません。読書はもっと自由なものです。

私が読書を好きなのは、本が自分の世界を広げてくれるから。ふらっと書店に出かけ、ランキングやPOPの感想をながめていると、偶然の出会いがあります。私は根っからの文系人間でしたが、1枚のPOPがきっかけで、数学に興味をもつようになりました。

「こういう作品を読むべきだ」と決めつけず、肩の力を抜いて書店を訪ねてほしいと思います。

---

をひと通り発散したら、今度は収束に向かいます。それぞれのアイデアを評価し、文章に盛りこむ内容を検討します。大まかに段落構成をまとめた構成メモができたら、もう半分書き上がったようなものです。あとは、その道しるべにしたがって突き進むだけです。

もちろん、そうしたメモなしに書きはじめる人もいます。おしゃべりをするようにどんどん書いて、後から削ったり並びかえたりするタイプです。どちらの書き方にせよ、**大切なのは、最初から一言一句にこだわって書こうとしないこと**。完璧主義になるのは仕上げの段階になってから。「いったん書いて後から練り上げればよい」というスタンスは、文章を書くことのハードルを下げてくれます。

**Q** 書くときに気をつけることは

**A** 推敲のポイントをチェック

## ①内容構成上のチェックポイント

- 書き出しは興味を惹くものであるか
- しめくくりは納得できるものであるか
- わかりやすい順序で書いているか
（orドラマチックな順序で書いているか）
- 意見と具体例がかみあっているか
- 内容の変わり目で段落をかえているか
- 題名・件名は内容と結びついているか
- 当初の目的を果たす文章であるか

推敲というのは、中国の故事から生まれた言葉です。唐代の詩人が「僧は推す月下の門」と「僧は敲く月下の門」のどちらにするかを悩んでいたというエピソードがあるのですね。このように、たったのひと文字にいたるまで、**最善を目指して考え抜く段階が推敲です。**

誤字脱字がないかなどをチェックするミクロな視点はもちろん、文章全体を見わたすマクロな視点も重要です。全体ができあがってはじめて見えてくる構成上の欠陥もあり

もうひとつ書く前にすることは、全体像をどうするかを考えることも大切です。ミクロからマクロまで考えれば、より精度の高い文章になることでしょう。

## ②表現上でのチェックポイント

- 漢字・ことわざ・慣用句・敬語は正しいか
- 同じ用語の表記のしかたは統一されているか
（漢字変換の有無、カタカナかアルファベットか）
- 主語と述語、目的語と述語がかみあっているか
- 一文が長すぎるところはないか
- 幼稚な言葉や話し言葉を使っていないか
- 数字や比喩でわかりやすくできないか
- 読点や各種記号は適切に使われているか

ます。必要とあらば、大胆に順序を入れかえる勇気が求められます。

推敲するときは、声に出して読んだり、パソコンで書いたものを印刷したりするのがオススメです。書いている最中とは違った形で見ると、自分の文章を客観的にチェックすることができます。文章のリズム、漢字とかな文字のバランスも確認します。

いったんメールを送信したり、雑誌などに発表したりすると、文章は独り歩きをはじめます。手を離れたところで、あなたの評判を上げたり下げたりするものです。後悔しないためにも、徹底的に推敲しておきたいですね。一晩寝かせるなど、時間をあけて読み直すのも効果的でしょう。

大人の文章術 / 第2部 実践編・短文上達法

## Q どこが間違いかわかりますか？
## A メールの上手な書き方

### Before

新入社員が取引先にお礼のメールとして書いたものです
上司になったつもりで、表現の誤りを指摘してください

件名：**ありがとうございました**①
椛株式会社　総務部　中村一郎部長様

お世話になっております。ビー商事、営業部の山田太郎です。
今日の打合せはご苦労様でした。
このたびは、新規のお取引をご快諾いただき、誠にありがとうございました。
部長が「採用しよう」と**申された**②ときには、**鳥肌が立つ**③ほどの感動を覚えました。
貴社のご高配に、**我が社の中山社長も感謝なさっています**④。
私たち一同、誠実に対応させていただきます。
今後とも、末永くご愛顧を賜りますようお願い申し上げます。
まずはメールにて恐縮ですが、心よりお礼申し上げます。

> ヒント
> 
> あいさつや敬語、慣用句の使い方が誤っている箇所があります。取引先の動作には尊敬語、自分もしくは自社の人間には謙譲語を使うはずですが、正しく使えていないところがあります。また、取引先部長や自社社長、自分たちの呼称にも注目してみてください。正しく直すと……？

自分のメールの精度を高めるためには、他のメールに触れて添削することも大切です。どこが誤りか答えを見つけて、自分のメールと照らし合わせてみましょう。

108

**After**

お礼のメールが失礼になっては大変！
敬語や慣用句の誤用などを修正しました

件名：**お取引のご快諾ありがとうございました
　　　（ビー商事）**
　　　　　①

枡株式会社　総務部部長　中村一郎様

お世話になっております。
株式会社ビー商事、営業部の山田太郎です。
本日は打合せのお時間を頂戴し、ありがとうございました。
また、新規のお取引をご快諾いただきましたこと、心より感謝申し上げます。
部長が「採用しよう」と**おっしゃった**ときは、
　　　　　　　　　　　　　　②
**ご厚情に感激いたしました。**
③
貴社のご高配に、**弊社社長の中山も感謝いたしております。**
④
私ども一同、誠実に対応させていただきます。
今後とも、末永くご愛顧を賜りますようお願い申し上げます。
まずはメールにて恐縮ですが、心よりお礼申し上げます。

**解説**

①相手は日々、大量のメールを受け取っているはず。件名だけで内容が想像できた方がよいでしょう。あとから探しやすくなります
②「申された」の「申す」は謙譲語なので、取引先の動作に使いません
③「鳥肌が立つ」はもともと寒さや恐怖を表す表現であるため、肯定的な内容で使用することに抵抗を感じる人も多いです
④自社は「弊社」。「中山社長」と呼ぶと身内を敬うことになるので、「弊社社長　中山」。社長であっても身内なので謙譲語です

## Q どこが間違いかわかりますか？

## A 面接官の心に残る文章術

大事な会社の入社試験。志望動機や自己PR文でまずは振り分けられてしまうことも。できるかぎり相手の心を響かせる具体的な文章を書くようにしましょう。

### Before

20代男性が中途採用の「自己PR・志望動機」として書いた文章です
アパレル企業に5年間勤務、同業A社に転職しようとしています

御社を志望するのは、業界でも**成長株**③である御社のパワーにひかれたからです。御社の成長とともに**私自身も一緒に成長していきたい**④と思っています。

私は、同じ業界のA社に新卒から勤め、店舗に3年、商品企画部に2年勤務しました。店舗時代のモットーは、**お客様1人ひとりを大切にする**①こと。店長も1年半務め、バイト育成・売上管理などもひと通り経験しています。商品企画では、お客様や店舗社員の声を商品に反映することを大切にしました。私の携わった「クールビズ用ドレスシャツ」は**ヒット商品**②になりました。

御社の商品や接客は、消費者のかゆいところに手が届くと評判です。私ももっとお客様に喜んでいただきたく、御社を志望しました。

### ヒント

相手はたくさんの履歴書を目にしています。「一目見て興味を惹く文章でなければ、しっかり読んですらもらえない」くらいの認識で臨む必要があるでしょう。漠然としたありきたりの言葉は記憶に残りません。目に浮かぶよう具体化しましょう。相手の知りたがっている順序で書くことも大切です。

**After**

中途採用の面接官がまず知りたいのは、あなたの経験・スキル。
それを先にまとめました

　私は、同業のA社に新卒から勤めていました。店舗に3年、商品企画部に2年勤務しました。**店舗時代のモットーは、お客様1人ひとりの顔と名前を覚えること。顔なじみのお得意様は500名を超えていました**①。店長業務も1年半経験しています。商品企画では、お客様や店舗社員の声を商品に反映することを重視しました。私の携わった「クールビズ用ドレスシャツ」は**ひと夏で1万枚**②を売り上げるヒット商品になりました。
　御社の商品や接客は「消費者のかゆいところに手が届く」と評判です。私もニーズに応える商品・サービスでお客様に喜んでいただきたく、御社を志望しました。業界内でも**成長著しい**③御社で謙虚に学び、これまでの経験も生かして**御社に貢献したい**④と思います。

---

**解説**

①「お客様を大切に」では曖昧なので、具体的な行動や実績を記入。逆に、店長業務は省略。同業なら書かずとも分かるでしょう
②「ヒット商品」に説得力をもたせるために、数字を入れました。
③もともと「成長株である」という表現を用いていたところです。上から見下すような言葉なので、改めました
④「私自身も成長したい」という元原稿では、自分の希望を強く主張する印象があります。同じ趣旨を別の角度でまとめてみました

## Q ▼ どこが間違いかわかりますか?
## A ▼ 上手なエッセイの書き方

エッセイを書く際には心をつかむ**導入部分**と**具体的な描写**が生きてきます。それらを踏まえてどこを修正したらよいか、文章を考える力を身に付けましょう。

### Before

ある女性が生まれ育った田舎町のことを書いたエッセイです
「故郷」を題材にしたエッセイコンテストに応募する予定です

私が生まれ育ったのは、**何の変哲もない田舎町**。自然ばかりが豊かで、大した刺激のない退屈な町だ。
①
故郷愛など持ち合わせていなかった私は、大学進学を機に上京して以降、ほとんど帰省することはなかった。せいぜい数年に1回といったところであった。

父親が定年を迎えたとき、両親は突然、夫婦2人で暮らしていた家を売った。父親の母親が遠方で1人暮らしをしているのが心配になったので、そちらに移り住むのだという。

今までろくに帰ろうとしなかったくせに、いざ実家がなくなると決まると**さびしくてしかたなかった**。父母が引っ越す前に1度帰っておこうと思いつつ、それもできずに終わった。
④

> **ヒント**
>
> 起承転結の構成で書かれた小エッセイです。「起」の部分が「何の変哲もない田舎町」をはじめ、決まり文句ばかりになっています。読者を引きこむ書き出しを模索したいところです。文章後半では、実家や故郷がなくなった喪失感をもっと鮮明に表現する方法を考えてみましょう。

### After

文章にメリハリをつけることで、起承転結をよりドラマチックに！

　**単線のローカル線は1時間に3本。**最寄り駅までは自転車で30分。休日ともなれば、老いも若きも皆こぞってジャスコに行く。そんなありふれた田舎町で私は生まれ育った。

　**故郷愛どころか、早くここから出たいと思っていた。**大学進学で上京して10年間、私はほとんど帰省することはなかった。3年に1回帰ればよい方であった。

　そのくせ私は、両親が唐突に実家を売ったときには、**誰より動揺した。**父が定年を迎えたので、遠方で1人暮らしをしている祖母のところに移り住むのだという。

　これまで「帰省」と呼んでいたものが「旅行」になるのか。そう考えると、やたら悲しかった。父母が引っ越す前に1度「帰省」しようと考えていたが、**あっという間に「故郷」は「旅先」になってしまった。**

---

**解説**

①「田舎」描写をより具体的に描写なものにしました
②「転」との差を強調するため、かつては故郷にネガティブな感情をもっていたことを明記しておきました
③筆者の考えが大きく変わる瞬間。もとの文章では「結」にならないと、筆者の感情が描写されなかったので、書き加えました
④「故郷」がなくなった悲しさ、心細さを「旅行」・「旅先」の語に結晶化しました

## Column 05

### あの宇多田ヒカルも影響を受けた著名人を虜にしてきた『文章読本』とはなにか

『細雪』『春琴抄』や『源氏物語』現代語訳などで知られる作家・谷崎潤一郎が、『文章読本』（中公文庫）という本を書いています。

大衆に向けて、「日本人が日本語の文章を書く心得」を説いた1冊です。昭和9年に書かれた本ですが、80年近く経った今なお読み継がれており、宇多田ヒカルが作詞の参考にしていると発言したことでも注目を集めました。

たとえば、文章の品格については次の3点に気をつけるようアドバイスしています。

1、饒舌をつつしむこと
2、言葉使いを粗略にしないこと
3、敬語や尊称をおろそかにしないこと

これは人前に出て礼儀正しくふるまおうとするときと同じ姿勢です。気持ちをこめて一言一言ていねいに書くことが文章の品格につながるというわけです。別に、難しい漢語やしゃれた新語を使う必要はないのです。むしろ、できるだけわかりやすい言葉を選んで書くべきだといいます。

また、表面の技巧だけ整えても、偽善的に見えるだけだと断じ、「優雅の心を体得すること」がなくてはならないと諭しています。そして、自己を磨くために「出来るだけ多くのものを、繰り返して読むこと」を奨めました。寺子屋のように、暗唱するほど音読することが推奨されています。

なお、谷崎『文章読本』に続き、三島由紀夫『文章読本』（中公文庫）、川端康成『新文章読本』（タチバナ教養文庫）、井上ひさし『自家製文章読本』（新潮文庫）など、多くの類書が書かれました。

114

**文章読本のポイント**

## 文章力アップの法則

- 日本人が日本語を書くポイントが掲載
- 文章の品格のマナーがわかる
- わかりやすい言葉を選んで書く
- できるだけ多くの書物に触れる
- 本は暗誦するほど音読する

### 日本人なら一度は読むべき『文章読本』

**『文章読本』**

谷崎潤一郎
中央公論社

日本語の言語や文章とは何か、西洋の文章との比較など日本語の文章を多角的に捉えた作品。文学作品の鑑賞法をはじめ、文章を巧くなりたい人や文筆家を目指す人のバイブルです。

## Q ▼ 人の心を動かす文章を書きたいんです

## A ▼ 名文への近道は多くの名文に触れること

文章力をアップさせる近道は、時代を経ても色あせない名文に触れること。その中でも好きな作家の作品により多く触れて真似をすることが大切です。

---

### 文章力アップの法則

- 文章力は読むことで培われる
- 文豪の文章を写経する
- 不朽の名作により多く触れる
- 好きな作家の文章により多く触れる
- 印象に残ったシーンを書き写す

---

　**か**つて、作家を目指していた若者は、志賀直哉の小説を書き写して文章を学んだのだそうです。短編『小僧の神様』をもじって「小説の神様」と呼ばれた志賀は、無駄のない文章に定評がありました。作家志望者たちは、写経のように書き写すことを通じ、志賀の文体を自分のものにしようと考えていたのです。

　やはり、**書くことを支えるのは読むこと**です。インプットなしにアウトプットはありえません。自分自身が意識的

## これだけは読みたい名文5冊

▼ 夏目漱石『草枕』

初期の作品。1枚の絵画のような作品を目指して書かれた。筋らしい筋はなく、美の世界がそこにある

▼ 芥川龍之介『蜘蛛の糸』

芥川が子ども向けに書いた作品群は、読みやすく、同時に美しい調べのある日本語です

▼ 志賀直哉『城の崎にて』

無駄のないリズミカルな文体でした。短編が多くとっつきやすい作家になりました。まさに「流れる」ように読み進めさせる、生命力のある文体が魅力的

▼ 幸田文『流れる』

父・幸田露伴も著名な作家でした。まさに「流れる」ように読み進めさせる、生命力のある文体が魅力的

▼ 川端康成『雪国』

ノーベル賞作家。人の世の哀しさと美しさを巧みな描写で綴る作品です。冒頭が特に有名

に文章を書くようになると、他人の文を読んでいても、それまでとは違うものが見えてくる瞬間があります。多読するもよし、精読するもよし、印象に残ったシーンや表現を書き写してみると、発見・体得するものがあるでしょう。

「写す」までいかなくても、声に出して読み、文章のリズムを感じることも、文章修業になります。それが小説でも、エッセイでも、好きな書き手の本をたくさん読んでいると、知らず知らずのうちに語彙やリズムがうつり、腕が磨かれるものです。

この第3部では、誰もが知る作家の名文に学びます。作家の巧みさにため息をつきながら、その技を盗みましょう。作家志望でない人にも、ヒントはあると思いますよ。

大人の文章術 / 第3部 応用編・名文に学ぼう

**Q** エッセイを上手に書きたい

**A** 清少納言はエッセイの基本です

## 『枕草子』

❶春はあけぼの。やうやう白くなり行く、山ぎは少しあかりて、紫だちたる雲の細くたなびきたる。（中略）冬はつとめて。雪の降りたるは言ふべきにもあらず、霜のいと白きも、❷またさらでもいと寒きに、火など急ぎおこして、炭持てわたるも、いとつきづきし。

### 訳

春といえば、明け方。だんだんと白んでいく山の稜線あたりの空はほんのりと明るくなり、紫がかった雲が細くたなびいている。冬といえば、早朝。雪が降っているのはいうまでもなく、霜がとても白いときもすばらしい。またそうでなくても、大変寒いときに火を急いでおこして運んでいく様子も冬らしくてよい。

❶「春といえばあけぼの」とシンプルにいいきってしまう潔さが、清少納言の文体のおもしろさです

❷「つきづきし」は「よく似合っている」という意味。その季節の風物詩を目にして「いいなぁ」と思う心境です

おおよそ1000年前、平安時代中期に書かれた随筆『枕草子』は、現在でも多くの読者を獲得しています。「春はあけぼの」は、小学5年生の教科書にも掲載されています。暗唱している人も多いことでしょう。

ところで、お笑い芸人で「あるあるネタ」をやる人がいます。あれは簡単に見えて、なかなか難しいのです。少しでもマニアックなことをいうと、観客が置いてきぼりになってしまいます。一方で、あまりにわかりきったことをいうと、

---

心に響くエッセイを書くときに参考になるのは、清少納言による枕草子でしょう。時代を経ても色あせない古典にこそ、文章や言葉の真髄を味わえるのです。

# 『かたはらいたきもの』

客人などにあひて物いふに、奥の方にうちとけごと人のいふを、制せで聞く心地。思ふ人のいたく酔ひておなじ事したる。聞きたたるをも知らで人の上いひたる。それは何ばかりならぬつかひ人なれど、かたはらいたし。旅立ちたる所ちかき所などにて、下衆どもの戯れ交はしたる。にくげなる児を、おのれが心地にかなしと思ふままに、うつくしみあそばし、これが声の真似にていひける事など語りたる。

> **訳**
>
> 気まずいもの　お客に会って話しているときに、家の奥で気を許した話をしゃべっているのに、止められないで聞く心境。恋人がひどく酔っ払って同じことばかりいうこと。本人が聞いているのも知らないで、その人のうわさをすること。大したことのない使用人でも気まずく感じる。出掛けた先のすぐそばで、召使いなどが騒いでいること。憎たらしい子どもでも、その親だけは愛おしく思うもので、やたらとかわいがったり、その子の話した内容を声マネをして他人にしゃべってみせたりするのを見てもきまりが悪い。

❶ 「〜なもの」と題をかかげ、当てはまるものを次々挙げていく章段を「もの尽くし」と呼んでいます

❷ 自分の子を盲目的にかわいがる親バカぶりに対し、毒舌を吐いています。さながら平安のマツコデラックス

象をピンポイントでとりあげてこそ、爆発的な共感と笑いが生まれるのです。

清少納言の筆致は少しそれに似ています。特に「もの尽くし」と呼ばれる章段では、絶妙な1点を切りとる、鋭い観察眼が冴えわたっています。

「いやなもの。手紙を書いて送った後に文字の間違いに気づくこと」

「にくらしいもの。鳥の鳴き声に耳をすましているときに赤ん坊が泣きだすこと」

「胸にしみるもの。若く清らかな人が喪服を着ている姿」

簡潔な文体が、その的確な指摘をきわだたせているといえるでしょう。

観客は「ふーん」と白けてしまうでしょう。誰もが日常で体験していながら、**特に普段は意識することのなかった現**

# 夏目漱石のツカミを学ぼう

**Q** ▼ 導入で心を掴む文章を書きたい

**A** ▼ 夏目漱石のツカミを学ぼう

『我輩は猫である』をはじめ、ツカミの名人芸といえば、夏目漱石といえるでしょう。導入で惹きこまれグイグイとのめりこんでしまう技を学びましょう。

## 『坊ちゃん』

❶ 親譲りの無鉄砲で小供の時から損ばかりしている。小学校に居る時分学校の二階から飛び降りて一週間ほど腰を抜かした事がある。なぜそんな無闇をしたと聞く人があるかも知れぬ。別段深い理由でもない。新築の二階から首を出していたら、同級生の一人が冗談に、いくら威張っても、そこから飛び降りる事は出来まい。❷ 弱虫やーい。と囃したからである。

❶ 主人公の「無鉄砲」さこそが『坊っちゃん』の核。冒頭でいきなりそれをつきつける印象的な書き出しです

❷ いきいきとした会話を交えたエピソードによって、さらに「無鉄砲」を印象づけています

**文**学作品の冒頭は、私たちがその作品に抱く第一印象を決定します。その印象しだいで、私たちはこの先を読み進めるかどうかを判断するわけです。ですから、重要な部分として、作家もこだわりをもって書いていることが予想されます。それぞれの作家の文章のパワーを感じようと思ったときに、**冒頭はちょうどいい教材**であるといえます。

夏目漱石の冒頭の特徴を一語でいうなら、「いきなり」です。ほとんどの小説が、

## 『吾輩は猫である』

❶吾輩は猫である。名前はまだ無い。どこで生れたかとんと見当がつかぬ。何でも薄暗いじめじめした所でニャーニャー泣いていた事だけは記憶している。

❶いきなり来たか、という驚きのある冒頭。一人称「吾輩」も、「猫」とのギャップで興味を引きます

5W1Hのような状況説明のお膳立てのないままに、いきなりはじまるのです。

その印象はどこか、映画の冒頭にも似ています。設定・状況が十分に把握できず、「？」を抱えた読者を、描写の巧みさを通じて作品世界に巻き込んでいくのです。初期の作品は、アクション映画のようにパワフル。後期の作品は、フランス映画のようにやわらかに。「？」を解消したくて読み進めていくうちに、私たちはいつの間にか作品世界にからめとられているのです。

なお、歴史小説で名高い司馬遼太郎は、夏目漱石の文を「恋愛から難しい論文までを書くことの出来る万能の文体」と評しました。今日でも古くさく感じられない、稀有な文体だといえるでしょう。

## 『こころ』

❶私はその人を常に先生と呼んでいた。だからここでもただ先生と書くだけで本名は打ち明けない。これは世間を憚る遠慮というよりも、その方が私にとって自然だからである。私はその人の記憶を呼び起すごとに、すぐ❷「先生」といいたくなる。筆を執っても心持は同じ事である。よそよそしい頭文字などはとても使う気にならない。私が先生と知り合いになったのは鎌倉である。その時私はまだ若々しい書生であった。

❶突然登場した「私」と「その人」。読者は頭に浮かんだ「？」を解決すべく、先へ進みます

❷後半、「先生」は、自殺した友人のことを「K」と呼びます。この部分は一種です

❸2人の関係性が語られますが、まだ漠然としています。読者は「？」を抱えたままです

# Q 比喩表現をうまく使いこなしたい

# A 川端康成の比喩表現を手に入れる

比喩表現を巧みに使いこなす文豪の筆頭といえば川端康成です。隠喩や直喩など、さまざまな技法を用いるその文体には参考にしたい部分がたくさんあります。

日本人初のノーベル文学賞受賞に輝いた川端康成。彼の受賞は「日本人の心情の本質を描いた、非常に繊細な表現による彼の叙述の卓越さ」に由来するものでした。若いころには短歌にも取り組んでいたという川端は、比喩や美しい言い回しを駆使して、自然や心情をこまやかに描いています。

その比喩の中でも、強い印象を残すのが **「隠喩」** です。「りんごのように赤い」のような **「直喩」** は、少し説明的な印象を与えます。一方で「～

## 『伊豆の踊子』

道がつづら折りになって❶、いよいよ天城峠に近づいたと思う頃、雨脚が杉の密林を白く染めながら、すさまじい早さで麓から私を追ってきた❷。
私は二十歳、高等学校の制帽をかぶり、紺飛白の着物に袴をはき、学生カバンを肩にかけていた。

❶「葛折」もしくは「九十九折」。山の急勾配を登る道が、折り返しの連続するジグザグ状になっていることです

❷ 天気が急変した様子を迫力ある比喩で表現しています。人間以外のものや現象を人に見立てる擬人法です

## 『雪国』

国境の長いトンネルを抜けると雪国であった。夜の底が白くなった。①信号所に汽車が止まった。

向側の座席から娘が立って来て、島村の前のガラス窓を落した。雪の冷気が流れこんだ。娘は窓いっぱいに乗り出して、遠くへ叫ぶように、

「駅長さあん、駅長さあん。」

明りをさげてゆっくり雪を踏んで来た男は、襟巻で鼻の上まで包み、耳に帽子の毛皮を垂れていた。

もうそんな寒さかと島村は外を眺めると、鉄道の官舎らしいバラックが山裾に寒々と散らばっているだけで、③雪の色はそこまで行かぬうちに闇に呑まれていた。

---

❶ この一文が独り歩きしているせいで、誤解されがちなのですが、時間は夜。見わたす限りの銀世界ではありません

❷ 暗い夜ですが、雪が積もっていて地面は白いのです。こう解説してしまうのが、無粋なほどに美しい文言です

❸ 雪の白が確認できるのは信号所の周囲だけで、あとは暗闇。ちょっとした風景描写ですが、深読みしたくなる表現

---

のようだ」を使わない比喩である**「隠喩」**は、少し詩的な響きになります。

たとえば、『伊豆の踊子』には

「（私は）雨の音の底に沈み込んでしまった」

という隠喩が出てきます。

踊子の身を案じる「私」が悩み苦しんでいる様子を、激しく降りしきる雨の音と重ねて表現したものです。

川端の比喩は理屈を超え、美しいイメージとして、直感に訴えかけてくるものばかりです。『伊豆の踊子』は、次のような、美しい隠喩を含んだ文章で終わっています。

「私は涙を出任せにしていた。頭が澄んだ水になってしまっていて、それがぽろぽろ零れ、その後には何も残らないような甘い快さだった」

# 大人の文章術／第3部 応用編・名文に学ぼう

## Q ▶ 文章の構成力を身につけたい
## A ▶ 芥川龍之介の構成術に学ぼう

文章を書く上で忘れてはならないのが、起承転結法です。それを実際の作品で学ぶ際に参考にしたいのが、芥川龍之介です。是非構成を意識して読んでください。

エッセイや短編小説を書きたいと考えている人にぜひマスターしてほしい型が、18〜19ページで紹介している**起承転結**です。

起承転結を実際の作品で学ぶのにもってこいの作家が、芥川龍之介です。

芥川の作風は、前期と後期で大きく異なります。今回注目するのは前期。芥川が多くの短編小説を発表した時期です。

『今昔物語集』などの説話集をもとにした「羅生門」、「地獄変」。中国古典に取材した

### 『蜘蛛の糸』

犍陀多は大きな声を出して、「こら、罪人ども。この蜘蛛の糸は己のものだぞ。お前たちは一体誰に尋ねて、のぼって来た。下りろ。下りろ。」と喚きました。

その途端でございます。今まで何ともなかった蜘蛛の糸が、急に犍陀多のぶら下っている所から、ぷつりと音を立てて断れました。ですから犍陀多もたまりません。あっと云う間もなく風を切って、独楽のようにくるくるまわりながら、見る見る中に暗の底へ、まっさかさまに落ちてしまいました。

後にはただ極楽の蜘蛛の糸が、きらきらと細く光りながら、月も星もない空の中途に、短く垂れているばかりでございます。

❶ 起承転結の「転」にあたる場面。事態の急転をスピード感のある文章で描写しています

❷ 前段落の「動」とは裏腹に「静」の光景。地獄の苦悶と極楽の平和が対照的に描かれているといえます

## 起承転結法はおさえましょう

- **起** お釈迦様が地獄で苦しむカンダタをあわれんで、極楽から蜘蛛の糸をたらす
- **承** カンダタが蜘蛛の糸をよじのぼりはじめる
- **転** カンダタが他の人たちに「下りろ」とさけぶと、糸が切れる
- **結** 地獄に逆戻りしたカンダタを見て、お釈迦様が悲しそうな顔をする

「杜子春」。「切支丹(キリシタン)もの」といわれる「奉教人の死」、「煙草と悪魔」。「羅生門」は、ほとんどの高校教科書に載っているので、覚えている人も多いのではないでしょうか。

生きるために悪に手を染める人間を描いた作品でした。挙げた以外にも多数の作品を発表しており、内容はバラエティに富んでいますが、ほとんどが起承転結の明快な作品です。実際に作品を読んでみて、あらすじをまとめながら、上の表のように、起承転結の構成を確認してみましょう。

暗い作品が苦手だという人には、「鼻」、「蜜柑」、「魔術」をおすすめします。「鼻」は、自分の長い鼻を何とか短くしようと苦心する僧侶を描いたコメディ的作品です。

大人の文章術 / 第3部 応用編・名文に学ぼう

## Q 文章のリズムがうまくつけられません

## A 村上春樹にリズムを学ぶ

### 『海辺のカフカ』

目を閉じて身体の力を抜き、こわばった筋肉を緩める。❶ 単調な音に耳をすませる。ほとんど何の予告もなく、涙が一筋流れる。その温かい感触を頬の上に感じる。❷ それは僕の目から溢れ、頬をつたい、口もとにとどまり、そしてそこで時間をかけて乾いていく。かまわない、と僕は自分に向かって言う。

（『海辺のカフカ（下）』新潮社、428ページ）

❶ 短いフレーズを重ね、たたみかけるようなテンポで読ませる部分です

❷ 現在形の文末が続く箇所。「緩める」、「すませる」、「流れる」、「感じる」と続くことで、一定のリズムが生まれています

---

リズミカルに文章を組み立てるのは難しいものです。語彙、句読点、文法などすべてをトータルで組み合わせて生まれる妙技は、村上春樹氏に学びましょう。

最後にとりあげるのは、現代日本を代表する作家の1人であり、世界からも注目される作家・翻訳家の村上春樹です。近年では、彼が新刊を発売するたびにお祭り騒ぎが起きるようになりました。

村上春樹の作品の魅力の1つは、中毒性のある独特の文体です。現在形の文を重ねたり、短い文やフレーズでたたみかけたりすることによって、音楽のような心地よいリズムが生まれています。本人も

## 『ノルウェイの森』

僕は通勤電車のように混みあった紀伊國屋書店でフォークナーの「八月の光」❶を買い、なるべく音の大きそうなジャズ喫茶に入ってオーネット・コールマンだのバド・パウエルだののレコードを聴きながら熱くて濃くてまずい❷コーヒーを飲み、買ったばかりの本を読んだ。五時半になると僕は本を❸閉じて外に出て簡単な夕食を食べた。そしてこの先こんな日曜日をいったい何十回、何百くりかえすことになるのだろうとふと思った。「静かで平和で孤独な日曜日」と僕は口に出して言ってみた。日曜日には僕はねじを巻かないのだ。

（『ノルウェイの森（下）』講談社文庫、107ページ）

❶ 小説ではふつう避けられる固有名詞が多用され、都会的な雰囲気を演出しています

❷ このように形容詞を重ねると、稚拙に見えかねません。ここでクールなのは、彼一流のリズム感によるものでしょう

❸ 外に出るなら本は閉じるに決まっています。わざわざ書かなくてもわかりそうなものですが、あえて書くのが村上流

村上春樹の文体に関しては、1つ注意事項を。彼の文体は特徴的なので、そのまま真似すると、あなたの文章を読んだ人に「村上春樹のファンなんだろうなぁ」と悟られる可能性が高いということです。彼お得意の「やれやれ」を使った日には、もうただのミーハーな人にしか見えません。

**文章のお手本は複数もつ**ようにしましょう。そして、それぞれから吸収したものを組み合わせ、あなたらしい文章を書いてください。

「僕の文章にもし優れた点があるとすれば、それはリズムのよさ」

とコメントしています。遠慮なくはさみこまれる海外の文学・音楽関係の固有名詞も、村上文学のハーモニーに寄与していると考えられます。

# 大人の文章術

2013年11月30日　第一版第一刷発行
2016年 8月10日　第一版第六刷発行

発行人　　　　角 謙二
編集人　　　　髙橋俊宏
編集　　　　　一柳明宏
　　　　　　　安藤巌乙
　　　　　　　渡邊一平

発行・発売　　株式会社枻（えい）出版社
　　　　　　　〒158-0096 東京都世田谷区玉川台2-13-2
　　　　　　　販売部　03-3708-5181

印刷・製本　　大日本印刷株式会社

デザイン　　　ピークス株式会社

ISBN978-4-7779-3001-2

万一、落丁・乱丁の場合は、お取り替え致します。

**for tasty life**
**枻出版社**

著者　吉田裕子

三重県四日市高校から塾・予備校を利用せずに、東京大学文科Ⅲ類に現役合格。全国模試5位や東大模試2位をとったことも。教養学部超域文化科学科を学科主席で卒業。現在は大学受験予備校で古文・現代文を教えつつ、大人向けの古典講座や老人ホームでの朗読教室を開催。モットーは「国語で感受性と対話力を磨いたら人生はもっと楽しい」。著書に『正しい日本語の使い方』、『源氏物語を知りたい』、『百人一首を知りたい』、『東大生の超勉強法』（小社刊）
http://yukoyoshidateacher.jimbo.com